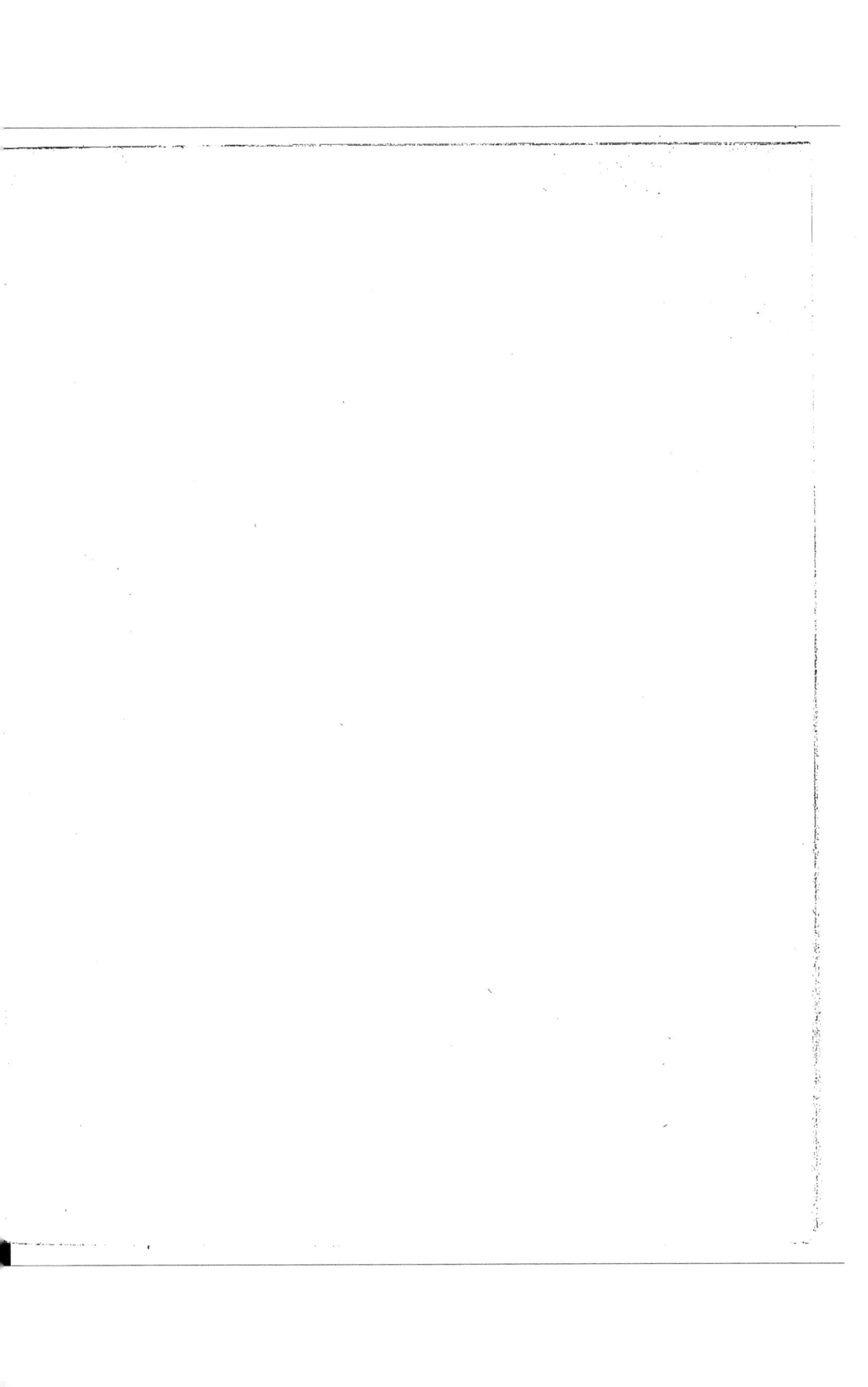

RECUEIL

CHRONOLOGIQUE

DE LOIS

ET ACTES DE L'AUTORITÉ PUBLIQUE.

Diplomatie et Traités depuis

A PARIS,

DE L'IMPRIMERIE DU DEPOT DES LOIS.

PROCLAMATION
DU ROI,

Sur le Décret de l'Assemblée Nationale, concernant le Droit de faire la Paix & la Guerre.

Du 27 Mai 1790.

VU par le Roi le Décret dont la teneur :

DÉCRET DE L'ASSEMBÉE NATIONALE.
du 22 Mai 1790.

L'ASSEMBLÉE NATIONALE décrète comme articles conftitutionnels ce qui fuit :

ARTICLE PREMIER.

LE droit de la Paix & de la Guerre appartient à la Nation :

La Guerre ne pourra être décidée que par un Décret du Corps légiflatif, qui fera rendu fur la propofition formelle & néceffaire du Roi, & enfuite fanctionné par Sa Majéfté.

I I.

Le foin de veiller à la sûreté extérieure du Royaume, de maintenir fes droits & fes poffeffions, eft délégué au Roi par la Conftitution de l'Etat ; ainfi lui feul peut entretenir des relations politiques au-dehors, conduire les négociations, en choifir les Agens, faire des préparatifs de Guerre proportionnés à ceux des Etats voifins, diftribuer les forces de terre & de mer, ainfi qu'il le jugera convenable, & en régler la direction en cas de Guerre.

I I I.

Dans le cas d'hoftilités imminentes ou commencées, d'un Allié à foutenir, d'un droit à conferver par la force des armes, le Pouvoir exécutif fera tenu d'en donner, fans aucun délai, la notification au Corps légiflatif, d'en faire connoître les caufes & les motifs ; & fi le Corps légiflatif eft en vacance, il fe raffemblera fur le champ.

I V.

Sur cette notification, fi le Corps légiflatif juge que les hoftilités commencées foient une aggreffion coupable de la part des Miniftres ou de quelque autre Agent du Pouvoir exécutif, l'auteur de cette aggreffion fera pourfuivi comme criminel de lèze-nation : l'Affemblée Nationale déclarant à cet effet que la Nation Françoife renonce à entreprendre aucune Guerre dans la vue de faire des conquêtes, & qu'elle n'emploiera jamais fes forces contre la liberté d'aucun peuple.

V.

Sur la même notification, fi le Corps légiflatif décide que la Guerre ne doit pas être faite, le Pouvoir exécutif fera tenu de prendre fur le champ des mefures pour faire ceffer ou prévenir toutes hoftilités, les Miniftres demeurant refponfables des délais.

V I.

Toute déclaration de Guerre fera faite en ces termes : *De la part du Roi des François, au nom de la Nation.*

V I I.

Pendant tout le cours de la Guerre, le Corps légiflatif pourra requérir le Pouvoir exécutif de négocier la Paix, & le Pouvoir exécutif fera tenu de déférer à cette réquifition.

V I I I.

A l'inftant où la Guerre ceffera, le Corps légiflatif fixera le délai dans lequel les Troupes levées au-deffus du pied de Paix, feront congédiées, & l'Armée réduite à fon état permanent. La folde defdites Troupes ne fera continuée que jufqu'à la même époque, après laquelle, fi les Troupes excédant le pied de Paix, reftoient raffemblées, le Miniftre fera refponfable & pourfuivi comme criminel de lèze-nation.

I X.

Il appartient au Roi d'arrêter & de figner avec les

Puiffances étrangères tous les Traités de Paix, d'Alliance & de Commerce, & autres Conventions qu'il jugera né-ceffaires au bien de l'Etat ; mais lefdits Traités & Conventions n'auront d'effet qu'autant qu'ils auront été ratifiés par le Corps légiflatif.

L<small>E</small> R<small>OI</small> a accepté & accepte ledit Décret, pour être exécuté fuivant fa forme & teneur. F<small>AIT</small> à Paris, le vingt-fept mai mil fept cent quatre-vingt-dix. *Signé* L<small>OUIS</small>. *Et plus bas*, Par le Roi, G<small>UIGNARD</small>.

A PARIS,

DE L'IMPRIMERIE ROYALE.

M. D C C. X C I.

LOI

Relative à deux lettres écrites, l'une par le Ministre des États-unis de l'Amérique, l'autre par les Représentans de l'État de Pensilvanie.

Donnée à Paris, le 3 Juin 1791.

LOUIS, par la grâce de Dieu & par la Loi constitutionnelle de l'Etat, ROI DES FRANÇOIS: A tous présens & à venir; SALUT.

L'ASSEMBLÉE NATIONALE a décrété, & Nous voulons & ordonnons ce qui suit:

DÉCRET DE L'ASSEMBLÉE NATIONALE, du 2 Juin 1791.

L'ASSEMBLÉE NATIONALE, après avoir entendu la lecture d'une lettre du Ministre des États-unis d'Amérique, adressée à son Président, *signée* JEFFERSON; & de celle des Représentans de l'État de Pensilvanie, en date du 8 avril dernier, par eux adressée au Président de l'Assemblée Nationale, ensemble le rapport de son Comité diplomatique:

2

Ordonne que les deux lettres fus-énoncées , feront imprimées & inférées dans le procès-verbal de la féance ;

Charge fon Préfident de répondre à la lettre des Repréfentans de l'État de Penfilvanie, & d'exprimer au Miniftre des États-unis de l'Amérique, qu'elle défire voir fe refferrer de plus en plus les liens de fraternité qui uniffent les deux peuples ;

Décrète en outre que le Roi fera prié de faire négocier avec les États-unis un nouveau traité de commerce qui puiffe multiplier entre les deux Nations, des relations également avantageufes à l'une & à l'autre.

MANDONS & ordonnons à tous les Tribunaux, Corps adminiftratifs & Municipalités, que les préfentes ils faffent tranfcrire fur leurs regiftres, lire, publier & afficher dans leurs refforts & départemens refpectifs, & exécuter comme Loi du Royaume. En foi de quoi Nous avons figné & fait contrefigner lefdites préfentes, auxquelles Nous avons fait appofer le Sceau de l'État. A Paris , le troifième jour du mois de juin, l'an de grâce mil fept cent quatre-vingt-onze, & de notre règne le dix-huitième. *Signé* LOUIS. *Et plus bas* , M. L. F. DU PORT. Et fcellées du Sceau de l'État.

Certifié conforme à l'original.

A PARIS, DE L'IMPRIMERIE ROYALE. 1791.

ACTE
DU CORPS LÉGISLATIF,

Non sujet à la Sanction du Roi.

Donné à Paris, le 25 Janvier 1792.

LOUIS, par la grâce de Dieu & par la Loi constitutionnelle de l'État, ROI DES FRANÇOIS : A tous présens & à venir ; SALUT. L'Assemblée Nationale a décrété, & Nous voulons & ordonnons ce qui suit :

DÉCRET de l'Assemblée Nationale, du 25 Janvier 1792, l'an quatrième de la Liberté.

L'ASSEMBLÉE NATIONALE considérant que l'Empereur, par sa circulaire du 25 novembre 1791, par la conclusion d'un nouveau traité arrêté entre lui & le Roi de Prusse le 25 juillet 1791, & notifié à la Diète de Ratisbonne le 6 décembre ; par sa réponse au Roi des François, sur

la notification à lui faite de l'acceptation dé l'Acte confti-
tutionnel, & par l'office de fon Chancelier de Cour &
d'État, en date du 2 décembre 1791, a enfreint le
traité du 1.er mai 1756, & cherché à exciter entre diverfes
Puiffances, un concert attentatoire à la fouveraineté & à la
sûreté de la Nation ;

Confidérant que la Nation Françoife, après avoir manifefté
fa réfolution de ne s'immifcer dans le gouvernement d'aucune
Nation étrangère, a le droit d'attendre pour elle-même,
une jufte réciprocité à laquelle elle ne fouffrira jamais qu'il
foit porté la moindre atteinte ;

Applaudiffant à la fermeté avec laquelle le Roi des
François a répondu à l'office de l'Empereur ;

Après avoir entendu le rapport de fon Comité diplomatique, décrète ce qui fuit :

ARTICLE PREMIER.

LE Roi fera invité par une députation, à déclarer à l'Empereur qu'il ne peut traiter avec aucunes Puiffances, qu'au
nom de la Nation Françoife, & en vertu des pouvoirs qui
lui font délégués par la Conftitution.

I I.

LE Roi fera invité à demander à l'Empereur, fi, comme
chef de la maifon d'Autriche, il entend vivre en paix &
bonne intelligence avec la Nation Françoife, & s'il renonce
à tous traité & convention dirigés contre la fouveraineté,
l'indépendance & la sûreté de la Nation.

I I I.

LE Roi fera invité à déclarer à l'Empereur, qu'à défaut

3

par lui de donner à la Nation, avant le premier mars prochain, pleine & entière satisfaction fur tous les points ci-deffus rapportés, fon filence, ainfi que toutes réponfes évafives ou dilatoires, feront regardés comme une déclaration de guerre.

I V.

LE Roi fera invité à continuer de prendre les mefures les plus promptes pour que les Troupes Françoifes foient en état d'enter en campagne au premier ordre qui leur en fera donné.

MANDONS & ordonnons à tous les Corps adminiftratifs & Tribunaux, que les préfentes ils faffent configner dans leurs regiftres, lire, publier & afficher dans leurs départemens & refforts refpectifs, & exécuter comme Loi du Royaume. En foi de quoi nous avons figné ces préfentes, auxquelles nous avons fait appofer le fceau de l'État. A Paris, le vingt-cinquième jour du mois de janvier, l'an de grâce mil fept cent quatre-vingt-douze, & de notre règne le dix-huitième. *Signé* L O U I S. *Et plus bas,* M. L. F. DuPORT. Et fcellées du Sceau de l'État.

Certifié conforme à l'original.

A PARIS, DE L'IMPRIMERIE ROYALE. 1792.

ACTE
DU CORPS LÉGISLATIF,

Non fujet à la Sanction du Roi,

Contenant la Déclaration des motifs qui déterminent les résolutions de la France, & l'expofition des principes qui dirigeront fa conduite, dans l'exercice du droit de la Guerre.

Donné à Paris, le 20 Avril 1792.

LOUIS, par la grâce de Dieu & par la Loi conftitutionnelle de l'État, ROI DES FRANÇOIS: A tous préfens & à venir; SALUT. L'Affemblée Nationale a décrété, & Nous voulons & ordonnons ce qui fuit:

DÉCRET de l'Affemblée Nationale, des 29 Décembre 1791 & 14 Avril 1792, l'an quatrième de la Liberté.

L'ASSEMBLÉE NATIONALE après avoir entendu la lecture d'un projet de déclaration folennelle de la nation

A

Françoife, qui lui a été préfenté par l'un de fes membres ; confidérant qu'elle ne fauroit trop tôt manifefter les fentimens qu'elle exprime, décrète qu'il y a urgence.

L'Affemblée Nationale, après avoir décrété l'urgence, décrète ce qui fuit :

DÉCLARATION
DE L'ASSEMBLÉE NATIONALE.

A L'INSTANT où, pour la première fois, depuis le jour de fa liberté, le peuple François peut fe voir réduit à la néceffité d'exercer le droit terrible de la guerre, fes repréfentans doivent à l'Europe, à l'humanité entière, le compte des motifs qui ont déterminé les réfolutions de la France, l'expofition des principes qui dirigeront fa conduite.

« *La nation Françoife renonce à entreprendre aucune guerre,* » *dans la vue de faire des conquêtes, & n'emploîra jamais* » *fes forces contre la liberté d'aucun peuple.* » Tel eft le texte de la Conftitution : tel eft le vœu facré par lequel nous avons lié notre bonheur au bonheur de tous les peuples ; & nous y ferons fidèles.

Mais, qui pourroit regarder encore comme un territoire ami, celui où il exifte une armée qui n'attend, pour attaquer, que l'efpérance du fuccès ! Et n'eft-ce donc pas nous avoir déclaré la guerre, que de prêter volontairement fes places, non-feulement à des ennemis qui nous l'ont déclarée, mais à des confpirateurs qui l'ont commencée depuis long-temps ! Tout impofe donc aux pouvoirs établis par la Conftitution pour le maintien de la paix & de la sûreté, la loi impérieuse d'employer la force contre les rebelles qui, du sein d'une terre étrangère, menacent de déchirer leur patrie.

Les droits des nations offensés ; la dignité du peuple François outragée ; l'abus criminel du nom du Roi, que des imposteurs font servir de voile à leurs projets désastreux ; la défiance que ces bruits sinistres entretiennent dans toutes les parties de l'empire ; les obstacles que cette défiance oppose à l'exécution des loix & au rétablissement du crédit ; les moyens de corruption employés pour égarer, pour séduire les citoyens ; les inquiétudes qui agitent les habitans des frontières ; les maux auxquels les tentatives les plus vaines, les plus promptement repoussées pourroient les exposer ; les outrages toujours impunis qu'ils ont éprouvés sur des terres où les François révoltés trouvent un asyle ; la nécessité de ne pas laisser aux rebelles le temps d'achever leurs préparatifs, & de susciter à leur patrie des ennemis plus dangereux :

Tels sont nos motifs ; jamais il n'en a existé de plus justes, de plus pressans ; & dans le tableau que nous en présentons ici, nous avons plutôt atténué qu'exagéré nos injures : nous n'avons pas besoin de soulever l'indignation des citoyens, pour enflammer leur courage.

Cependant la nation Françoise ne cessera pas de voir un peuple ami dans les habitans des pays occupés par les rebelles, & gouvernés par des princes qui les protégent. Les citoyens paisibles, dont ses armées occuperont le pays, ne seront point des ennemis pour elle ; ils ne seront pas même ses sujets. La force publique dont elle deviendra momentanément dépositaire, ne sera employée que pour affurer leur tranquillité & maintenir leurs loix. Fière d'avoir reconquis les droits de la nature, elle ne les outragera point dans les autres hommes. Jaloufe de fon indépendance, réfolue à s'enfevelir fous fes ruines plutôt que de fouffrir qu'on osât ou lui diéter des loix, ou même garantir les fiennes, elle ne portera point atteinte à l'indépendance des autres nations. Ses foldats fe conduiront fur un territoire étranger, comme ils fe conduiroient fur le territoire françois, s'ils étoient forcés d'y combattre; les maux involontaires que fes troupes auroient fait éprouver aux citoyens feront réparés.

L'afyle qu'elle ouvre aux étrangers ne fera point fermé aux habitans des pays dont les princes l'auront forcée à les attaquer; & ils trouveront dans fon fein un refuge affuré. Fidèle aux engagemens pris en fon nom, elle fe hâtera de les remplir avec une généreufe exaétitude; mais aucun danger ne pourra lui faire oublier que le fol de la France appartient tout entier à la liberté, & que la loi de l'égalité y doit être univerfelle. Elle préfentera au monde le fpeétacle nouveau d'une nation vraiment libre, foumife aux règles de la juftice, au milieu des orages de la guerre, & refpeétant par-tout, en tout temps, à l'égard de tous les hommes, les droits qui font les mêmes pour tous.

La paix que le menfonge, l'intrigue & la trahifon ont éloignée, ne ceffera point d'être le premier de nos vœux. La France prendra les armes pour fa fureté, pour fa tranquillité intérieure; mais on la verra les dépofer avec joie, le jour où elle fera sûre de n'avoir plus à craindre pour cette liberté, pour cette égalité, devenues le feul

élément où des François puiffent vivre. Elle ne redoute
point la guerre, mais elle aime la paix; elle fent qu'elle
en a befoin, & elle a trop la confcience de fes forces pour
craindre de l'avouer.

Lorfqu'en demandant aux nations de refpecter fon repos,
elle a pris l'engagement éternel de ne jamais troubler le
leur, peut-être auroit-elle mérité d'en être écoutée; peut-
être cette déclaration folennelle, ce gage de la tranquillité & du bonheur des peuples voifins, devoit-il lui mériter
l'affection des princes qui les gouvernent: mais ceux de
ces princes qui ont pu craindre que la nation Françoife
ne cherchât à produire dans les autres pays des agitations
intérieures, apprendront que le droit cruel de repréfailles,
juftifié par l'ufage, condamné par la nature, ne la fera point
recourir à ces moyens employés contre fon repos; qu'elle
fera jufte envers ceux-mêmes qui ne l'ont pas été pour elle;
que par-tout elle refpectera la paix comme la liberté; &
que les hommes qui croient pouvoir fe dire encore les
maîtres des autres hommes, n'auront à craindre d'elle que
l'autorité de fon exemple.

La nation Françoife eft libre, & ce qui eft plus que
d'être libre, elle a le fentiment de fa liberté. Elle eft libre,
elle eft armée, elle ne peut être affervie. En vain comp-
teroit-on fur fes difcordes inteftines: elle a paffé le moment
dangereux de la réformation de fes loix politiques; & trop
fage pour devancer la leçon du temps, elle ne veut que
maintenir fa Conftitution & la défendre. Cette divifion
entre deux pouvoirs émanés de la même fource, dirigés
vers le même but, ce dernier efpoir de nos ennemis, s'eft
évanoui à la voix de la patrie en danger; & le Roi, par

la folemnité de fes démarches, par la franchife de fes mefures, montre à l'Europe la nation Françoife forte de tous fes moyens de défenfe & de profpérité. Réfignée aux maux que les ennemis du genre humain réunis contre elle peuvent lui faire fouffrir, elle en triomphera par fa patience & par fon courage. Victorieufe, elle ne voudra ni réparation ni vengeance.

Tels font les fentimens d'un peuple généreux, dont fes Repréfentans s'honorent d'être ici les interprètes. Tels font les projets de la nouvelle politique qu'il adopte. Repouffer la force, réfifter à l'oppreffion, tout oublier lorfqu'il n'aura plus rien à redouter, & ne plus voir que des frères dans fes adverfaires vaincus, réconciliés ou défarmés : voilà ce que veulent tous les François, & voilà quelle eft la guerre qu'ils déclareront à leurs ennemis.

L'ASSEMBLÉE NATIONALE après avoir entendu la lecture du projet de déclaration folennelle de la nation Françoife, qui lui a été préfenté par l'un de fes membres, décrète qu'elle adopte ladite déclaration ; ordonne qu'elle fera inférée dans fon procès-verbal, qu'elle fera imprimée & diftribuée, qu'elle fera portée au Roi par une députation de vingt-quatre membres, qu'elle fera envoyée aux quatre-vingt-trois Départemens du Royaume, à tous les Régimens des troupes de ligne, & à tous les Bataillons de Gardes-nationales-volontaires.

MANDONS & ordonnons à tous les Corps adminiftratifs & Tribunaux, que les préfentes ils faffent configner dans leurs regiftres, lire, publier & afficher dans leurs départemens & refforts refpectifs, &

exécuter comme Loi du Royaume. En foi de quoi Nous avons figné ces préfentes, auxquelles Nous avons fait appofer le Sceau de l'État. A Paris , le vingtième jour du mois d'avril , l'an de grâce mil fept cent quatre-vingt-douze, & de notre règne le dix-huitième. *Signé* LOUIS. *Et plus bas*, DURANTHON. Et fcellées du Sceau de l'État.

Certifié conforme à l'original.

A PARIS,

DE L'IMPRIMERIE ROYALE.

M. DCC. XCII.

L O I

Portant Déclaration de Guerre contre le Roi de Hongrie & de Bohême.

Donnée à Paris, le 20 Avril 1792.

LOUIS, par la grâce de Dieu & par la Loi conſtitutionnelle de l'État, ROI DES FRANÇOIS: A tous préſens & à venir; SALUT. L'Aſſemblée Nationale a décrété, & Nous voulons & ordonnons ce qui ſuit:

DÉCRET de l'Aſſemblée Nationale, du 20 Avril 1792, l'an quatrième de la Liberté.

L'ASSEMBLÉE NATIONALE délibérant ſur la propoſition formelle du Roi, conſidérant que la Cour de Vienne, au mépris des traités, n'a ceſſé d'accorder une protection ouverte aux François rebelles, qu'elle a provoqué & formé un concert avec plufieurs Puiffances de l'Europe, contre l'indépendance & la sûreté de la Nation Françoife ;

Que François I.ᵉʳ, Roi de Hongrie & de Bohême, a, par fes notes des 18 mars & 7 avril derniers, refufé de renoncer à ce concert ;

Que malgré la propofition qui lui a été faite par la note du 11 mars 1792, de réduire de part & d'autre à l'état de paix, les troupes fur les frontières, il a continué & augmenté des préparatifs hoftiles ;

Qu'il a formellement attenté à la fouveraineté de la Nation Françoife, en déclarant vouloir foutenir les prétentions des Princes Allemands poffeffionnés en France, auxquels la Nation Françoife n'a ceffé d'offrir des indemnités ;

Qu'il a cherché à divifer les citoyens François, & à les armer les uns contre les autres, en offrant aux mécontens un appui dans le concert des Puiffances :

Confidérant enfin que le refus de répondre aux dernières dépêches du Roi des François, ne laiffe plus d'efpoir d'obtenir par la voie d'une négociation amicale, le redreffement de ces différens griefs, & équivaut à une déclaration de guerre ;

Décrète qu'il y a urgence.

L'Affemblée Nationale déclare que la Nation Françoife, fidèle aux principes confacrés par fa Conftitution, *de n'entreprendre aucune guerre dans la vue de faire des conquêtes & de n'employer jamais fes forces contre la liberté d'aucun peuple,* ne prend les armes que pour le maintien de fa liberté & de fon indépendance.

Que la guerre qu'elle eft forcée de foutenir, n'eft point

une guerre de Nation à Nation, mais la jufte défenfe d'un Peuple libre contre l'injufte agreffion d'un Roi.

Que les François ne confondront jamais leurs frères avec leurs véritables ennemis ; qu'ils ne négligeront rien pour adoucir le fléau de la guerre, pour ménager & conferver les propriétés, & pour faire retomber fur ceux-là feuls qui fe ligueront contre fa liberté, tous les malheurs inféparables de la guerre.

Qu'elle adopte d'avance tous les étrangers qui, abjurant la caufe de fes ennemis, viendront fe ranger fous fes drapeaux & confacrer leurs efforts à la défenfe de fa liberté ; qu'elle favorifera même par tous les moyens qui font en fon pouvoir, leur établiffement en France.

Délibérant fur la propofition formelle du Roi, & après avoir décrété l'urgence, décrète la guerre contre le Roi de Hongrie & de Bohême.

MANDONS & ordonnons à tous les Corps adminiftratifs & Tribunaux, que les préfentes ils faffent configner dans leurs regiftres, lire, publier & afficher dans leurs départemens & refforts refpectifs, & exécuter comme Loi du royaume. Mandons & ordonnons pareillement à tous les Officiers généraux, & autres qui commandent les Troupes de ligne dans les différens départemens du royaume; comme auffi à tous les Officiers, Sous-officiers & Gendarmes de la Gendarmerie nationale & à tous autres qu'il appartiendra, de fe conformer ponctuellement à ces

4

préfentes. En foi de quoi Nous avons figné cefdites préfentes, auxquelles Nous avons fait appofer le Sceau de l'État. A Paris, le vingtième jour du mois d'avril, l'an de grâce mil fept cent quatre-vingt-douze, & de notre règne le dix-huitième. *Signé* LOUIS. *Et plus bas*, DURANTHON. Et fcellées du Sceau de l'État.

Certifié conforme à l'original.

A PARIS,
DE L'IMPRIMERIE ROYALE

M. DCC. XCII.

LOI

Donnée à Paris le 14 Août 1792, l'an 4.ᵉ de la Liberté.

*DÉCRET de l'Assemblée nationale, du 13 Août 1792,
l'an quatrième de la Liberté.*

L'ASSEMBLÉE NATIONALE ajourne la discussion de
l'affaire relative à la ratification par le corps législatif, du
traité de commerce passé entre le roi & la république de
Mulhausen, & décrète qu'il sera délivré par son comité de
surveillance, aux sieurs Kochlin & Thiery députés de ladite
république près du Corps législatif, le passeport nécessaire
pour se rendre dans leur pays.

MANDONS & ordonnons à tous les corps administratifs & tribunaux, que les présentes ils fassent
consigner dans leurs registres, lire, publier & afficher dans leurs départemens & ressorts respectifs,
& exécuter comme loi du royaume. En foi de
quoi nous avons apposé à ces présentes le sceau de

l'état. A Paris, le quatorzième jour du mois d'août mil sept cent quatre-vingt-douze, l'an quatrième de la liberté.

En vertu du décret du 10 août 1792, l'an quatrième de la liberté : Au nom de la Nation. *Signé* DANTON.

Certifié conforme à l'original.

A PARIS,

DE L'IMPRIMERIE NATIONALE.

M. DCC. XCII.

DÉCRET

DE LA

CONVENTION NATIONALE.

Du 3 Octobre 1792, l'an premier de la République Françoise.

Relative aux réclamations des cantons de Berne & d'Uri,
pour l'évacuation de l'évêché de Bâle par les troupes
Françoises.

LA CONVENTION NATIONALE, après avoir entendu
la lecture de la lettre adressée le 19 septembre au général
d'Arembure, au nom des cantons de Bern & d'Uri, par
laquelle ils réclament l'évacuation de l'évêché de Bâle,
occupé par les troupes Françoises, après avoir entendu le
rapport des commission extraordinaire & comité diplomatique;

Confidérant que, d'après l'article III du traité conclu le
20 juin 1780, entre la France & le prince évêque de Bâle,
la nation Françoise est autorisée à empêcher en temps de
guerre, que ses ennemis s'établissent dans les pays, terre &
seigneurie de l'évêché de Bâle, & à fermer les passages par
lesquels l'ennemi pourroit entrer sur son territoire;

Confidérant que la forme de la réclamation faite par les
cantons de Berne & d'Uri, le 19 septembre, de l'évacuation
de l'évêché de Bâle, est contraire aux principes de l'asso-
ciation Helvétique, & de la communication entre les puissances;

Confidérant enfin que la nation Françoife a déjà manifefté par fes précédens décrets des 21 août & 17 feptembre derniers, fon intention de vivre en bonne intelligence, & de maintenir fon alliance avec les cantons Helvétiques;

Décrète qu'il n'y à lieu à délibérer fur la réclamation faite le 19 feptembre, par les cantons de Berne & d'Uri, de l'évacuation de l'évêché de Bâle, par les troupes Françoifes. Charge le Confeil exécutif provifoire de notifier au nom de la république Françoife, fon défir de maintenir l'harmonie qui exifte entre les deux nations.

Au NOM DE LA NATION, le Confeil exécutif provifoire mande & ordonne à tous les Corps adminiftratifs & Tribunaux, que les préfentes ils faffent configner dans leurs regiftres, lire, publier & afficher dans leurs départemens & refforts refpectifs, & exécuter comme loi. En foi de quoi nous avons figné ces préfentes, auxquelles nous avons fait appofer le fceau de l'État. A Paris, le fixième jour du mois d'octobre mil fept cent quatre vingt-douze, l'an premier de la république Françoife. *Signé* ROLAND. *Contrefigné* DANTON. Et fcellées du fceau de l'État.

Certifié conforme à l'original.

A PARIS, DE L'IMPRIMERIE NATIONALE EXÉCUTIVE DU LOUVRE. 1792.

DÉCRET

DE LA

CONVENTION NATIONALE,

Du 19 Novembre 1792, l'an 1.ᵉʳ de la République Françoife ,

*Par lequel la Convention déclare qu'elle accordera fraternité
& fecours à tous les Peuples qui voudront recouvrer
leur Liberté.*

LA CONVENTION NATIONALE déclare au nom de la nation
Françoife, qu'elle accordera fraternité & fecours à tous les
peuples qui voudront recouvrer leur liberté, & charge le
pouvoir exécutif de donner aux généraux les ordres néceffaires pour porter fecours à ces peuples, & défendre
les citoyens qui auroient été vexés , ou qui pourroient
l'être pour la caufe de la liberté.

La Convention nationale décrète que le pouvoir
exécutif donnera ordre aux généraux de la république
Françoife, de faire imprimer & proclamer le décret précédent en diverfes langues, dans toutes les contrées qu'ils
parcourront avec les armées de la république.

La Convention Nationale décrète que le miniftre des
affaires étrangères lui donnera des renfeignemens fur la

2

conduite de l'agent de France auprès du duc de Deux - Ponts.

Au nom de la République, le Conseil exécutif provisoire mande & ordonne à tous les Corps administratifs & Tribunaux, que la présente loi ils faffent configner dans leurs regiftres, lire, publier & afficher, & exécuter dans leurs départemens & refforts refpectifs. En foi de quoi nous y avons appofé notre fignature & le fceau de la République. A Paris, le vingt-troifième jour du mois de novembre mil fept cent quatre-vingt-douze, l'an premier de la république Françoife. *Signé* CLAVIÈRE. *Contrefigné* GARAT. Et fcellée du fceau de la République.

Certifié conforme à l'original.

A PARIS,

DE L'IMPRIMERIE NATIONALE EXÉCUTIVE DU LOUVRE.

M. DCC. XCII.

DÉCRET

DE LA

CONVENTION NATIONALE,

N°. 187.

Du 27 Novembre 1792, l'an 1ᵉʳ. de la République française,

Qui charge le Pouvoir exécutif de notifier aux Puissances étrangères, que la République ne reconnoîtra, comme Ministre public, aucun Émigré.

LA CONVENTION NATIONALE décrète que le Pouvoir exécutif sera chargé de notifier aux Puissances étrangères, que la République ne reconnoîtra comme Ministre public, aucun Émigré, fût-il naturalisé chez la Puissance qui l'enverroit, et qu'elle ne souffrira aucun Émigré, sous quelque titre que ce puisse être, à la suite d'un Ministre public.

AU NOM DE LA RÉPUBLIQUE, le Conseil exécutif provisoire mande et ordonne à tous les Corps administratifs et Tribunaux, que la présente Loi ils fassent consigner dans leurs registres, lire, publier et afficher, et exécuter dans leurs départemens et ressorts respectifs. En foi de quoi nous y avons apposé notre signature et le Sceau de la République. A Paris, le vingt-septième jour du mois de novembre mil sept cent quatre-vingt-douze, l'an premier de la République Française. *Signé* MONGE; *contre-signé* GARAT. Et scellée du sceau de la République. Certifié conforme à l'original, *Signé* GARAT.

De l'Imprimerie de BALLARD, Imprimeur du Département, rue des Mathurins.

DÉCRET

DE LA
CONVENTION NATIONALE,

Des 15 & 17 Décembre 1792, l'an 1ᵉʳ. de la République Française,

Par lequel la République Française proclame la liberté & la souveraineté de tous les peuples chez lesquels elle a porté & portera ses armes.

LA CONVENTION NATIONALE, après avoir entendu le rapport de ses comités des finances, de la guerre & diplomatique réunis, fidèle aux principes de la souveraineté du peuple qui ne lui permet pas de reconnoître aucune des institutions qui y portent atteinte, & voulant fixer les règles à suivre par les généraux des armées de la République dans les pays où ils porteront ses armes, décrète :

ARTICLE PREMIER.

Dans les pays qui sont ou seront occupés par les armées de la République, les généraux proclameront sur-le-champ, au nom de la nation Française, la souveraineté du peuple, la suppression de toutes les autorités établies, des impôts ou contributions existants, l'abolition de la dîme, de la féodalité, des droits seigneuriaux, tant féodaux que cen-

A

fuels, fixes ou cafuels, des bannalités, de la fervitude réelle & perfonnelle, des priviléges de chaffe & de pêche, des corvées, de la nobleffe, & généralement de tous les priviléges.

I I.

Ils annonceront au peuple qu'ils lui apportent paix, fecours, fraternité, liberté & égalité, & ils le convoqueront de fuite en affemblées primaires ou communales, pour créer & organifer une adminiftration & une juftice provifoire; ils veilleront à la sûreté des perfonnes & des propriétés; ils feront imprimer en langue ou idiôme du pays, afficher & exécuter fans délai, dans chaque commune, le préfent décret & la proclamation y annexée.

I I I.

Tous les agens & officiers civils ou militaires de l'ancien gouvernement, ainfi que les individus ci-devant réputés nobles, ou membres de quelque corporation ci-devant privilégiée, feront, pour cette fois feulement, inadmiffibles à voter dans les affemblées primaires ou communales, & ne pourront être élus aux places d'adminiftration ou du pouvoir judiciaire provifoire.

I V.

·Les généraux mettront de fuite fous la fauve-garde & protection de la République Françaife, tous les biens, meubles & immeubles appartenant au fifc, au prince, à fes fauteurs, adhérens & fatellites volontaires, aux établiffemens publics, aux corps & communautés laics & eccléfiaftiques; ils en feront dreffer fans délai un état détaillé, qu'ils enverront au confeil exécutif, & ils prendront toutes les mefures qui font en leur pouvoir, afin que ces propriétés foient refpectées.

V.

L'Adminiftration provifoire nommée par le peuple, fera chargée de la furveillance & régie des objets mis fous la fauve-garde & protection de la République Française; elle veillera à la fûreté des perfonnes & des propriétés; elle fera exécuter les loix en vigueur, relatives au jugement des procès civils & criminels, à la police & à la fûreté publique; elle fera chargée de régler & de faire payer les dépenfes locales, & celles qui feront néceffaires pour la défenfe commune: elle pourra établir des contributions, pourvu toutefois qu'elles ne foient pas fupportées par la partie indigente & laborieufe du peuple.

V I.

Dès que l'adminiftration provifoire fera organifée, la Convention nationale nommera des commiffaires pris dans fon fein, pour aller fraternifer avec elle.

V I I.

Le confeil exécutif nommera auffi des commiffaires nationaux, qui fe rendront de fuite fur les lieux pour fe concerter avec les généraux & l'adminiftration provifoire nommée par le peuple, fur les mefures à prendre pour la défenfe commune, & fur les moyens employés pour fe procurer les habillemens & fubfiftances néceffaires aux armées, & pour acquiter les dépenfes qu'elles ont faites & feront pendant leur féjour fur fon territoire.

V I I I.

Les commiffaires nationaux nommés par le confeil exécutif,

lui rendront compte tous les quinze jours de leurs opérations. Le conseil exécutif les approuvera, modifiera ou rejettera, & il en rendra compte de suite à la Convention.

I X.

L'administration provisoire nommée par le peuple, & les fonctions des commissaires nationaux, cesseront aussitôt que les habitans, après avoir déclaré la souveraineté & l'indépendance du peuple, la liberté & l'égalité, auront organisé une forme de gouvernement libre & populaire.

X.

Il sera fait état des dépenses que la République Française aura faites pour la défense commune, & des sommes qu'elle pourra avoir reçues, & la nation Française prendra avec le gouvernement qui sera établi, des arrangemens pour ce qui pourra être dû ; & au cas que l'intérêt commun exigeroit que les troupes de la République restassent encore à cette époque sur le territoire étranger, elle prendra les mesures convenables pour les faire subsister.

X I.

La Nation Française déclare qu'elle traitera comme ennemi, le peuple qui refusant la liberté & l'égalité, ou y renonçant, voudroit conserver, rappeller ou traiter avec le prince et les castes privilégiées ; elle promet & s'engage de ne souscrire aucun traité, & de ne poser les armes qu'après l'affermissement de la souveraineté & de l'indépendance du peuple sur le territoire duquel les troupes de la République sont entrées, qui aura adopté les principes de l'égalité, & établi un gouvernement libre & populaire.

X I.

Le confeil exécutif enverra le préfent décret par des courriers extraordinaires, à tous les généraux, & prendra les mefures néceffaires pour en affurer l'exécution.

Suit la teneur de la Proclamation.

LE PEUPLE FRANÇAIS AU PEUPLE.

FRÈRES ET AMIS,

Nous avons conquis la liberté, & nous la maintiendrons. Nous offrons de vous faire jouir de ce bien ineftimable qui vous a toujours appartenu, & que vos oppreffeurs n'ont pu vous ravir fans crime.

Nous avons chaffé vos tyrans. Montrez-vous hommes libres, & nous vous garantirons de leur vengeance, de leurs projets & de leur retour.

Dès ce moment la nation Françaife proclame la fouveraineté du peuple, la fuppreffion de toutes les autorités civiles & militaires qui vous ont gouvernés jufqu'à ce jour, & de tous les impôts que vous fupportez, fous quelque forme qu'ils exiftent, l'abolition de la dîme, de la féodalité, des droits feigneuriaux, tant féodaux que cenfuels, fixes ou cafuels, des bannalités, de la fervitude réelle & perfonnelle, des priviléges de chaffe & de pêche, des corvées, de la gabelle, des péages, des octrois, & généralement de toutes efpèces de contributions dont vous avez été chargés par vos ufurpateurs; elle proclame auffi l'abolition parmi vous de toute corporation nobiliaire, facerdotale & autres , de toutes les prérogatives & privilèges contraires à l'égalité. Vous êtes dès ce moment, frères & amis, tous citoyens, tous égaux en droits, & tous appelés également à gouverner, à fervir & défendre votre patrie.

Formez-vous fur le champ en affemblées primaires ou de commune; hâtez-vous d'établir vos adminiftrations & juftice provifoire , en fe conformant aux difpofitions de l'article III du décret ci-deffus. Les agens de la République Françaife fe concerteront avec vous pour affurer votre bonheur , & la fraternité qui doit éxifter déformais entre nous.

Au Nom de la République, le Conseil exécutif provisoire mande et ordonne à tous les Corps administratifs et Tribunaux, que la présente Loi ils fassent consigner dans leurs registres, lire, publier , afficher et exécuter dans leurs Départemens et Ressorts respectifs. En foi de quoi nous y avons apposé notre signature et le sceau de la République. A Paris , le quinzième jour du mois de Décembre mil sept cent quatre-vingt-douze, l'an premier de la République Française. Signé GARAT, Président du conseil exécutif provisoire. Contresigné GARAT; et scellées du sceau de la République. Certifié conforme à l'original. Signé GARAT.

De l'Imprimerie de BALLARD, Imprimeur du Département de Paris, rue des Mathurins.

DÉCRET

DE LA
CONVENTION NATIONALE,

Du 22 Décembre 1792, l'an premier de la république Françoise,

Qui rapporte l'article III du décret des 15 & 17 décembre, relatif aux conditions d'éligibilité dans les Assemblées primaires & communales des Peuples chez lesquels la République Françoise a porté & portera ses armes.

LA CONVENTION NATIONALE rapporte l'article III de son décret des 15 & 17 décembre courant, conçu en ces termes : « Tous les agens & officiers civils ou mili-
» taires de l'ancien gouvernement, ainsi que les individus
» ci-devant privilégiés seront, pour cette fois seulement,
» inadmissibles à voter dans les assemblées primaires ou
» communales, & ne pourront être élus aux places d'ad-
» ministration & de pouvoir judiciaire provisoire » ; & elle décrète que nul ne pourra être admis à voter dans les assemblées primaires & communales, & ne pourra être nommé administrateur ou juge provisoire, sans avoir prêté le serment à la liberté & à l'égalité, & sans avoir renoncé par écrit aux priviléges & prérogatives dont l'abolition a été prononcée par le décret des 15 & 17, & dont il pourroit avoir joui.

2

Charge le pouvoir exécutif de faire imprimer de fuite le préfent décret, & de l'envoyer par des courriers extraordinaires aux commiffaires de la Convention, & aux généraux de la république.

AU NOM DE LA RÉPUBLIQUE, le Confeil exécutif provifoire mande & ordonne à tous les Corps adminiftratifs & Tribunaux, que la préfente loi ils faffent configner dans leurs regiftres, lire, publier & afficher, & exécuter dans leurs départemens & refforts refpectifs ; en foi de quoi nous y avons appofé notre fignature & le fceau de la république. A Paris, le vingt-deuxième jour du mois de décembre mil fept cent quatre-vingt-douze, l'an premier de la république Françoife. *Signé* PACHE. *Contrefigné* GARAT. Et fcellée du fceau de la république.

Certifié conforme à l'original.

A PARIS,

DE L'IMPRIMERIE NATIONALE EXÉCUTIVE DU LOUVRE.

M. DCC. XCII.

DÉCRET

DE LA
CONVENTION NATIONALE,

Du 31 Janvier 1793, l'an fecond de la République Françoife,

Qui ordonne l'exécution des Décrets des 15, 17 & 22
Décembre, dans tous les lieux où les Armées de la
République font entrées ou entreront à l'avenir.

La Convention nationale informée que dans quelques-uns des pays actuellement occupés par les armées de la république, l'exécution des décrets des 15, 17 & 22 décembre dernier a été arrêtée en tout ou partie par les ennemis du peuple coalifés contre fa fouveraineté, décrète ce qui fuit :

ARTICLE PREMIER.

Les décrets des 15, 17 & 22 décembre feront exécutés dans tous les lieux où les armées de la république font entrées ou entreront à l'avenir.

I I.

Les généraux des armées de la république, prendront toutes les mefures néceffaires pour la tenue des affemblées primaires ou communales aux termes defdits décrets. Les commiffaires envoyés par la Convention nationale, pour fraternifer avec ces peuples, pourront décider provifoirement toutes les queftions qui s'éléveront relativement à la forme & aux opérations des affemblées, même en cas de réclamation fur la validité des élections. Ils veilleront particulièrement fur tout ce qui pourra affurer la liberté des affemblées & des fuffrages.

I I I.

Les peuples réunis en affemblées primaires ou communales, font invités à émettre leur vœu fur la forme de gouvernement qu'ils voudront adopter.

I V.

Les peuples des villes & territoires qui ne fe feroient pas affemblés dans la quinzaine au plus tard, après la promulgation, tant des décrets des 15, 17 & 22 décembre dernier, fi elle n'a pas été faite, que du préfent décret, feront déclarés ne vouloir être amis du peuple François. La République les traitera comme les peuples qui refufent d'adopter ou fe dormer un gouvernement fondé fur la liberté & l'égalité.

V.

Les trois commiffaires de la Convention nationale dans la Belgique, le Hainaut, le pays de Liége & les pays voifins, qui font venus rendre compte de leurs opérations à la Convention, fe réuniront à leurs collégues & partiront; favoir, Danton & Lacroix, immédiatement après le préfent décret; Camus dans la huitaine au plus tard. Ils pourront agir conjointement ou féparément, pourvu néanmoins qu'ils foient réunis au nombre de deux, & à la charge de donner connoiffance dans les vingt-quatre heures, de toutes leurs opérations à la Convention.

Au nom de la République, le Confeil exécutif provifoire mande & ordonne à tous les Corps adminiftratifs & Tribunaux, que la préfente loi ils faffent configner dans leurs regiftres, lire, publier & afficher, & exécuter dans leurs départemens & refforts refpectifs; en foi de quoi nous y avons appofé notre fignature & le fceau de la république. A Paris, le premier jour du mois de février mil fept cent quatre - vingt - treize, l'an fecond de la république Françoife. *Signé* PACHE. *Contrefigné* GARAT. Et fcellée du fceau de la république.

Certifié conforme à l'original.

A PARIS,
DE L'IMPRIMERIE NATIONALE EXÉCUTIVE DU LOUVRE.

M. DCC. XCIII.

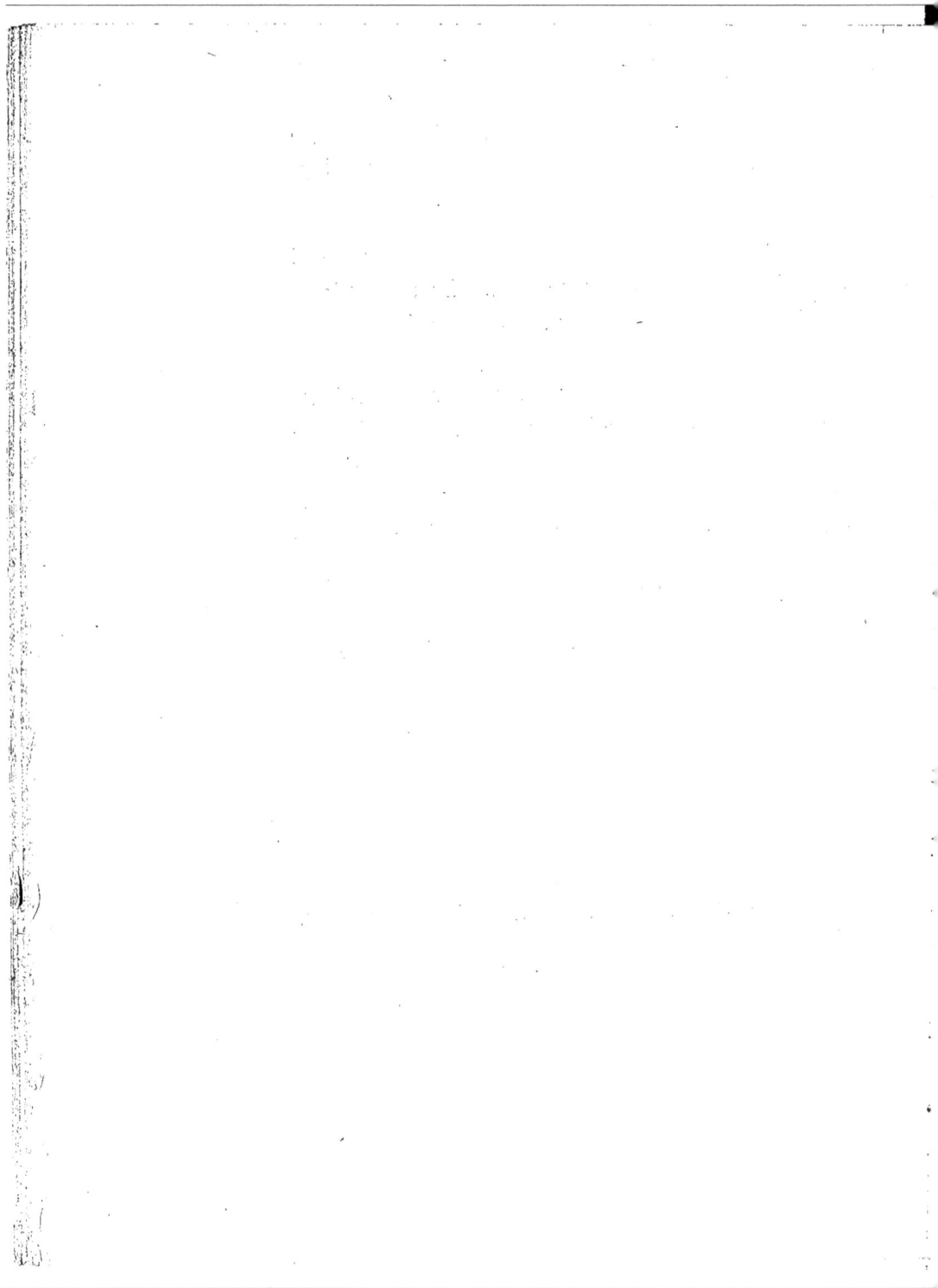

DÉCRET

DE LA

CONVENTION NATIONALE,

Du premier Février 1793, l'an second de la République Françoise,

Qui déclare au nom de la Nation Françoise, que la République est en guerre avec le Roi d'Angleterre et le Stathouder des Provinces-unies.

LA CONVENTION NATIONALE, après avoir entendu le rapport de son comité de défense générale, sur la conduite du gouvernement Anglois envers la France ;

Considérant que le roi d'Angleterre n'a cessé, principalement depuis la révolution du 10 août 1792, de donner à la nation Françoise des preuves de sa malveillance et de son attachement à la coalition des têtes couronnées ;

Qu'à cette époque, il a ordonné à son ambassadeur à Paris, de se retirer, parce qu'il ne vouloit pas reconnoître le conseil exécutif provisoire, créé par l'Assemblée législative ;

Que le cabinet de Saint-James a discontinué, à la même époque, sa correspondance avec l'ambasseur de France à Londres, sous prétexte de la suspension du ci-devant roi des François ;

Que depuis l'ouverture de la Convention nationale, il n'a pas voulu reprendre sa correspondance accoutumée, ni reconnoître les pouvoirs de cette Convention ;

Qu'il a refusé de reconnoître l'ambassadeur de la république Françoise, quoique muni de lettres de créance en son nom ;

, Qu'il a cherché à traverser les divers achats de grains, armes et autres marchandises commandés en Angleterre, soit par des citoyens François, soit par des agens de la république Françoise ;

Qu'il a fait arrêter plusieurs bateaux et vaisseaux chargés de grains pour la France, tandis que contre la teneur du traité de 1786, l'exportation en continuoit pour d'autre pays étrangers ;

Que pour traverser encore plus efficacement les opérations commerciales de la république en Angleterre, il a fait prohiber, par un acte du parlement, la circulation des assignats ;

Qu'en violation de l'article IV du traité de 1786, il a fait rendre par le même parlement, dans le cours du mois de janvier dernier, un acte qui assujettit tous les citoyens François allant ou résidant en Angleterre, aux formes les plus inquisitoriales, les plus vexatoires et les plus dangereuses pour leur sûreté ;

Que dans le même-temps, et contre la teneur de l'article Ier. du traité de paix de 1783, il a accordé une protection ouverte, des secours d'argent aux émigrés et même aux chefs des rebelles qui ont déjà combattu contre la France ; qu'il entretient avec eux une correspondance journalière et évidemment dirigée contre la révolution Françoise ;

Qu'il accueille pareillement les chefs des rebelles des colonies Françoises occidentales ;

Que dans le même esprit, sans qu'aucune provocation y ait donné lieu, et lorsque toutes les puissance maritimes sont en paix avec l'Angleterre, le cabinet de Saint-James a ordonné un armement considérables par mer, une augmentation à ses forces de terre ;

Que cet armement a été ordonné au moment où le ministère anglois persécutoit avec acharnement ceux qui soutenoient en Angleterre les principes de la révolution Françoise, et employoit tous les moyens possibles, soit au parlement, soit au-dehors, pour couvrir d'ignominie la république Françoise, et pour attirer sur elle l'exécration de la nation Angloise et de l'Europe entière ;

Que le but de cet armement, destiné contre la France, n'a pas même été déguisé dans le parlement d'Angleterre ;

Que quoique le conseil exécutif provisoire de France ait employé tous les moyens pour conserver la paix et la fraternité avec la nation Angloise, et n'ait répondu aux calomnies et aux violations des traités, que par des réclamations fondées sur les principes de la justice, et exprimée avec la dignité d'hommes libres, le ministère Anglois a persévéré dans son système de malveillance et d'hostilité, continué les armemens, et envoyé une escadre vers l'Escaut, pour troubler les opérations de la France dans la Belgique ;

Qu'à la nouvelle de l'exécution de Louis, il a porté l'outrage envers la république Françoise, au point de donner ordre à l'ambassadeur de

France, de quitter sous huit jours le territoire de la grande Bretagne;

Que le roi d'Angleterre a manifesté son attachement à la cause de ce traître, et son dessein de le soutenir par diverses résolutions prises au moment de sa mort, soit pour nommer les généraux de son armée de terre, soit pour demander au parlement d'Angleterre une addition considérable de forces de terre et de mer, et ordonner l'équipement de chaloupes canonnières;

Que sa coalition secrète avec les ennemis de la France, et notamment avec l'Empereur et la Prusse, vient d'être confirmée par un traité passé avec le premier dans le mois de janvier dernier;

Qu'il a entraîné dans la même coalition le Stathouder des Provinces-unies; que ce prince, dont le dévouement servile aux ordres du cabinet de Saint-James et de Berlin, n'est que trop notoire, a dans le cours de la révolution Françoise, et malgré la neutralité dont il protestoit, traité avec mépris les agens de France, accueilli les émigrés, vexé les patriotes François, traversé leurs opérations, relâché malgré les usages reçus, et malgré la demande du ministère François, les fabricateurs de faux assignats;

Que dans les derniers temps, pour concourir aux desseins hostiles de la cour de Londres il a ordonné un armement par mer, nommé un amiral, ordonné à des vaisseaux hollandois de joindre l'escadre angloise, ouvert un emprunt pour subvenir aux frais de la guerre, empêcher les exportations pour la France, tandis qu'il favorisoit les approvisionnemens des magisins prussiens et autrichiens;

Considérant enfin que toutes les circonstances ne laissent plus à la république Françoise d'espoir d'obtenir par la voie des négociations amicales, les redressemens de ses griefs et que tous les actes de la cour Britannique et du Stathouder, sont des actes d'hostilité et équivalent à une déclaration;

La Convention nationale décrète ce qui suit:

ARTICLE PREMIER.

La Convention nationale déclare au nom de la nation Françoise, qu'attendu tous ces actes d'hostilités et d'agression, la république Françoise est en guerre avec le roi d'Angleterre et le Stathouder des Provinces-unies.

I I.

La Convention nationale charge le conseil exécutif provisoire de déployer les forces qui lui paroîtront nécessaires pour repousser leur agression, et pour soutenir l'indépendance, la dignité et les intérêts de la république Françoise.

I I I.

La Convention nationale autorise le Conseil exécutif provisoire à disposer des forces navales de la république, ainsi que le salut de l'état lui paroîtra l'exiger ; elle révoque toutes les dispositions particulières, ordonnées à cet égard par les précédens décrets.

AU NOM DE LA RÉPUBLIQUE, le Conseil exécutif provisoire mande et ordonne à tous les Corps administratifs et Tribunaux, que la présente loi ils fassent consigner dans leurs registres, lire, publier et afficher, et exécuter dans leurs départemens et ressorts respectifs. En foi de quoi nous y avons apposé notre signature et le sceau de la République. A Paris, le premier jour du mois de février mil sept cent quatre-vingt-treize, l'an second de la République françoise. *Signé* PACHE. *Contresigné* GARAT. Et scellées du sceau de la République.

A PARIS,
DE L'IMPRIMERIE NATIONALE EXÉCUTIVE DU LOUVRE.

M. DCC. XCIII.

RECUEIL DE DÉCRETS

CONCERNANT

LES ÉTRANGERS.

DÉCRET qui ordonne le séquestre des sommes qui sont entre les mains des receveurs, préposés et autres agens des princes étrangers et des gouvernemens possessionnés en France, avec lesquels la République est en guerre,

Du 2 Février 1793, (n°. 759.)

LA CONVENTION NATIONALE décrète que tous les receveurs, préposés, agens, fermiers et colons quelconques des princes étrangers et des gouvernemens possessionnés en France, avec lesquels la République est ou sera en guerre, verseront les sommes dont ils sont ou pourront être saisis, dans les caisses des receveurs d'enregistrement de leurs districts respectifs.

DÉCRET qui annulle tous traités d'alliance et de commerce passés entre la France et les puissances avec lesquelles elle est en guerre, et défend l'introduction en France de diverses marchandises étrangères.

Du 1.er Mars 1793, (n°. 498.)

LA Convention nationale, après avoir entendu ses comités de commerce, de défense générale et de la guerre, considérant que la conduite hostile des puissances coalisées contre la Républipue, est une infraction aux traités antérieurs, décrète ce qui suit:

ART. I.er Tous traités d'alliance ou de commerce existant entre l'ancien gouvernement françois et les puissances avec lesquelles la République est en guerre, sont annullés.

A.

II. Huit jours après la publication du présent décret, il ne pourra être introduit dans l'étendue du territoire de la République, tant par mer que par terre, des velours et étoffes de coton, des étoffes de laine connues sous le nom de casimir, des bonneteries d'aucune espèce, des ouvrages d'acier poli, des boutons de métal, et des faïences de terre de pipe ou de grès d'Angleterre venant de l'étranger, sous peine de confiscation, conformément à l'article I.er du titre V de la loi du 22 août 1791.

III. A compter du 1.er avril prochain, il ne pourra également, et sous les mêmes peines, être importé en France, ni admis au paiement des droits du tarif, aucuns objets ou marchandises manufacturés à l'étranger, qu'en justifiant qu'ils auront été fabriqués dans des états avec lesquels la République ne sera point en guerre.

IV. Cette justification sera faite par certificats délivrés par les consuls de France résidant dans ces états, ou à défaut de consuls, par les officiers publics. Ils contiendront l'attestation formelle que ces objets ou marchandises auront été manufacturés dans les lieux mêmes où les certificats seront délivrés.

V. Les objets trouvés en contravention au présent décret, seront vendus trois jours après la confiscation définitivement prononcée. La moitié du produit net des objets vendus, appartiendra et sera remise aussitôt après la vente, à tous particuliers qui auroient dénoncé lesdits objets, ou concouru à leur arrestation.

VI. Ne sont point compris dans la présente prohibition, 1°. les marchandises provenant des prises faites sur l'ennemi, pour raison desquelles la loi du 19 février dernier aura sa pleine et entière exécution; 2°. les agrès ou apparaux de navire, les bois de construction, les ancres de fer, les armes et munitions de guerre, les viandes salées, les fers blancs ou noirs non œuvrés, les vases de verre servant à la chymie; tous lesquels objets seront admis au paiement des droits de tarif du 15 mars 1791.

VII. Les objets et marchandises dont l'introduction est prohibée, tant par le présent décret que par les lois antérieures, qui proviendroient de l'échouement d eq uelques navires sur les côtes de France, pourront être introduits dans le territoire de la République, en payant; savoir, les objets précédemment prohibés et ceux compris dans l'article II ci-dessus, vingt pour cent de leur valeur; et ceux énoncés en l'article III, une moitié en sus des droits fixes par le tarif.

VIII. La Convention nationale, jalouse de ne laisser aucun doute sur les intentions et la loyauté de la nation françoise, déclare qu'elle autorise tous chargemens d'objets non prohibés, faits sur navires neutres dans les ports de la République; ordonne en conséquence qu'il sera fait mention du présent article dans les passeports qui leur seront délivrés, pour les mettre à l'abri de toutes insultes de la part des navires françois armés en course.

IX. La Convention nationale charge le conseil exécutif provisoire, de faire pour l'exécution du présent décret toutes proclamations nécessaires.

DECRET qui ordonne l'établissement dans chaque commune, d'un comité chargé de recevoir les déclarations des étrangers.

Du 21 Mars 1793, (n°. 598.)

LA Convention nationale considérant qu'à l'époque où des despotes coalisés menacent la République, plus encore par les efforts de leurs intrigues que par le succès de leurs armes, il est de son devoir de prévenir les complots liberticides;

Considérant qu'ayant reçu du peuple françois la mission de lui présenter une constitution fondée sur les principes de la liberté et de l'égalité, elle doit, en redoublant de surveillance, empêcher que les ennemis de l'intérieur ne parviennent à étouffer le vœu des patriotes, et ne substituent des volontés privées à la volonté générale;

Voulant enfin donner aux magistrats du peuple tous les moyens d'éclairer le mal, et d'en arrêter les progrès, décrète ce qui suit:

ART. I.er Il sera formé dans chaque commune de la République, et dans chaque section des communes divisées en sections, à l'heure qui sera indiquée à l'avance par le conseil général, un comité composé de douze citoyens.

II. Les membres de ce comité qui ne pourront être choisis ni parmi les ecclésiastiques, ni parmi les ci-devant nobles, ni parmi les ci-devant seigneurs de l'endroit et les agens des ci-devant seigneurs, seront nommés au scrutin, et à la pluralité des suffrages.

III. Il faudra, pour chaque nomination, autant de fois *cent votans*, que la commune ou section de commune contiendra de fois mille ames de population.

IV. Le comité de la commune, ou chacun des comités des sections de commune, sera chargé de recevoir pour son arrondissement les déclarations de tous les étrangers actuellement résidant dans la commune, ou qui pourront y arriver.

V. Ces déclarations contiendront les noms, âge, profession, lieu de naissance et moyens d'exister du déclarant.

VI. Elles seront faites dans les huit jours après la publication du présent décret; le tableau en sera affiché et imprimé.

A 2

VII. Tout étranger qui aura refusé ou négligé de faire sa déclaration devant le comité de la commune ou de la section sur laquelle il résidera, dans le délai ci-dessus prescrit, sera tenu de sortir de la commune sous vingt-quatre heures, et sous huit jours du territoire de la République.

VIII. Tout étranger né dans les pays avec les gouvernemens desquels les François sont en guerre, qui, en faisant sa déclaration, ne pourra pas justifier devant le comité, ou d'un établissement formé en France, ou d'une profession qu'il y exerce, ou d'une propriété immobiliaire acquise, ou de ses sentimens civiques, par l'attestation de six citoyens domiciliés depuis un an dans la commune, ou dans la section si la commune est divisée en sections, sera également tenu de sortir de la commune sous vingt-quatre heures, et sous huit jours du territoire de la République : dans le cas contraire, il lui sera délivré un certificat d'autorisation de résidence.

IX. Les étrangers qui n'auront pas en France de propriétés, ou qui n'y exerceront pas une profession utile, seront tenus, sous les peines y portées, outre les certificats de six citoyens, de donner caution jusqu'à concurrence de la moitié de leur fortune présumée.

X. Tous ceux que la disposition des précédens articles, exclueront du territoire françois, et qui n'en seroient pas sortis au délai fixé, seront condamnés à dix ans de fers, et poursuivis par l'accusateur public du lieu de leur résidence.

XI. Les déclarations faites devant le comité, seront, en cas de contestations, soit sur lesdites déclarations, soit sur la décision, portées devant le conseil général ou devant l'assemblée de la section, qui statueront sommairement et définitivement; et, à cet effet, lorsque le conseil ou les sections d'une commune suspendront leur séance, il sera préalablement indiqué sur le registre, l'heure à laquelle le retour de la séance sera fixé.

XII. Hors les cas de convocation extraordinaire, desquels l'objet, la nécessité ou la forme seront constatés sur le registre, toute délibération arrêtée dans l'intervalle de suspension des séances, est annullée par le fait; le président et le secrétaire qui l'auront signée, seront poursuivis devant le tribunal de police correctionnelle, et condamnés à trois mois de détention.

XIII. Tout étranger, saisi dans une émeute, ou qui seroit convaincu de l'avoir provoquée ou entretenue par voie d'argent ou de conseil, sera puni de mort.

DÉCRET portant que la loi de suspension des passeports ne s'étend pas aux agens ni membres des ambassades des puissances étrangères, reconnus par le pouvoir exécutif.

Du 31 Mars 1793, (n°. 699.)

LA Convention nationale, sur la plainte faite par *Jacques-François Armand*, citoyen suisse et aumônier de l'ambassadeur de Hollande, de la suspension mise par le département de Paris, à la délivrance du passeport qui lui a été donné par la municipalité de Paris, sur le certificat de sa section, pour retourner dans sa patrie, et sur la proposition d'un membre, décrète que la loi portant suspension des passeports, ne s'étend pas aux agens ni membres des ambassades des puissances étrangères, reconnus par le pouvoir exécutif.

DÉCRET relatif au séquestre des biens possédés sur le territoire françois, par les princes ou puissances avec lesquels la République est en guerre.

Du 9 Mai 1793, (n°. 848.)

LA Convention nationale, après avoir entendu son comité des domaines, décrète :

ART. I.er Dans les départemens où il existe des biens possédés par les princes ou puissances avec lesquels la République est en guerre, ces biens seront séquestrés, si ce n'est fait, par les corps administratifs de ces départemens, dans la forme présentée pour le séquestre des biens des émigrés, et ce, immédiatement après la réception du présent décret.

II. Aussitôt après le séquestre, il en sera donné avis aux administrateurs de la régie des domaines nationaux, qui les feront régir par des préposés, en prenant sous leur responsabilité tous les moyens pour assurer la sûreté de cette administration.

III. Les sommes provenant des revenus de ces biens, seront versées dans les caisses des receveurs des districts respectifs, et par ceux-ci à la trésorerie nationale. Ces différens comptables tiendront de ces revenus une comptabilité particulière et distincte des autres revenus nationaux, en observant un ordre de subdivision de ce qui proviendra de chaque différent possesseur et de chacun des différens objets de revenu.

IV. L'administrateur des domaines nationaux exercera sur les séquestres et la régie des biens mentionnés en la présente loi, la surveillance qui lui est attribuée sur les biens des émigrés, par la loi du 12 mars dernier, et conformément à ladite loi.

DECRET relatif au séquestre des terres des princes possessionnés en France, qui n'ont point protesté contre le conclusum *de la diète de Ratisbonne.*

Du 14 Mai 1793 , (n°. 889.)

LA Convention nationale, sur la proposition d'un membre, décrète que les terres des princes possessionnés en France, et qui n'ont pas protesté contre le *conclusum* de la diète de Ratisbonne , qui déclare l'empire en guerre avec la France, seront séquestrées au profit de la République, quand bien même ces princes n'auroient pas fait marcher des troupes contre elle.

Elle ordonne en outre que les receveurs de l'enregistrement seront tenus de rendre compte dans le plus bref délai, des diligences qu'ils auront faites pour que ces terres soient séquestrées sans aucune exception.

DECRET portant que les étrangers non domiciliés en France avant le 14 *juillet* 1789 , *seront mis en état d'arrestation.*

Du 1.er Août 1793, (n°. 1307.)

LA Convention nationale décrète que les étrangers des pays avec lesquels la République est en guerre, et non domiciliés en France avant le 14 juillet 1789, seront mis sur-le-champ en état d'arrestation, et le scellé apposé sur leurs papiers, caisses et effets; charge la commission des six de lui présenter demain un projet de loi sur les étrangers en général.

DECRET qui déclare traîtres à la patrie les François qui placeroient des fonds sur les comptoirs ou banques des pays avec lesquels la République est en guerre.

Du 1.er Août 1793, (n°. 1316.)

LA Convention nationale décrète que tous François qui placeroient des fonds sur les comptoirs ou banques des pays avec lesquels la République est en guerre, sont déclarés traîtres à la patrie.

DECRET qui ordonne la saisie et le séquestre des biens et des propriétés que les sujets et vassaux du roi d'Espagne ont en France.

Du 16 Août 1793. — *Même jour.* (N°. 1373.)

LA Convention nationale, après avoir entendu le rapport de ses comités de salut public et de législation, décrète :

ART. I.er Les biens et les propriétés que les sujets et vassaux du roi d'Espagne ont en France, sous quelque dénomination qu'ils puissent être, soit en immeubles, soit en meubles, en marchandises, rentes viagères ou perpétuelles, seront saisis et séquestrés au nom de la République.

II. Le produit en sera appliqué à l'indemnité et aux secours dûs aux citoyens françois qui ont été expulsés ou dépouillés de leurs biens en Espagne. Le résidu du produit de ces biens, s'il y en a, sera employé à dédommager les François qui auront souffert quelques pertes ou préjudices de la part des armées espagnoles.

III. Il sera sursis, jusqu'à ce qu'il en ait été autrement ordonné, à toutes poursuites qui pourroient être exercées contre les François expulsés d'Espagne, par leurs créanciers, en vertu de titres antérieurs à leur expulsion.

IV. Les moyens d'exécution du décret ci-dessus seront présentés sous trois jours par le comité des finances.

DECRET relatif à l'exécution de celui du 16 de ce mois, concernant le séquestre des biens des Espagnols, situés en France.

Du 26 Août 1793, (n°. 1439.)

LA Convention nationale décrète :

ART. I.er Le ministre de l'intérieur lui rendra compte des mesures qu'il a prises pour l'exécution du décret du 16 de ce mois, concernant le séquestre mis sur les biens des Espagnols, situés ou déposés en France.

II. Tous dépositaires de biens appartenant aux Espagnols ou aux domiciliés en Espagne, de quelque nature qu'ils soient, et sous quelque forme qu'ils soient représentés, seront tenus d'en faire leur déclaration à la municipalité du lieu de leur résidence, dans les vingt-quatre heures après la publication de la présente loi, sous peine d'une amende égale à la valeur du dépôt qu'ils auroient caché.

III. Ces dépositaires demeureront séquestrés de ces biens, jusqu'à ce qu'il en soit autrement ordonné.

DÉCRET contenant des mesures de sûreté, relatives aux étrangers qui se trouvent en France.

Du 6 septembre 1793, (n°. 1479.)

LA Convention nationale considérant que les puissances ennemies de la République, violant les droits de la guerre et des gens, se servent des hommes même en faveur de qui la nation françoise exerce journellement des actes de bienfaisance et d'hospitalité, pour les diriger contr'elle; et que le salut public lui recommande des mesures de sûreté, que ses principes d'union et de fraternité avoient jusqu'ici rejetées, décrète ce qui suit :

ART. I.er Les étrangers nés sur le territoire des puissances avec lesquelles la République françoise est en guerre, seront mis en état d'arrestation dans les maisons de sûreté, jusqu'à ce que, par l'assemblée nationale, il en soit autrement ordonné.

II. Sont exceptés de cette disposition, les artistes, les ouvriers et tous ceux qui sont employés dans des ateliers ou manufactures, à la charge par eux de se faire attester par deux citoyens de leur commune, d'un patriotisme connu.

III. Sont également exceptés ceux qui, n'étant ni ouvriers ni artistes, ont depuis leur séjour en France donné des preuves de civisme et d'attachement à la révolution françoise.

IV. Pour prouver leurs principes, les étrangers seront tenus, dans la huitaine qui suivra la publication de la présente loi, de se rendre à l'assemblée du conseil général de la commune ou de la section dans l'étendue de laquelle ils demeurent, et de présenter, savoir les artistes et ouvriers, les deux citoyens qui doivent les attester; et les autres, les pièces ou les preuves justificatives de leur civisme.

V. Tout citoyen aura droit d'opposer contre les uns ou les autres, les faits parvenus à sa connoissance, qui éleveroient quelques soupçons sur la pureté de leurs principes, et si ces faits se trouvent réels et constatent contr'eux de justes causes de suspicion, ils seront mis en état d'arrestation.

VI. Si leur civisme est reconnu, les officiers municipaux ou de la section leur déclareront que la République françoise les admet au bienfait de l'hospitalité; leurs noms seront inscrits sur la liste des étrangers, qui sera affichée dans la salle des séances de la maison commune, et il leur sera délivré un certificat d'hospitalité.

VII.

VII. Ils ne pourront sortir ou se transporter nulle part sans être munis de leur certificat, qu'ils seront tenus de produire toutes les fois qu'ils en seront requis par les autorités constituées; et ceux qui enfreindront cette disposition, seront mis en état d'arrestation comme suspects.

VIII. La même peine aura lieu contre ceux qui ont exercé l'agiotage, ou qui vivent de leurs rentes, sans industrie ou propriétés connues.

IX. Ceux qui seront convaincus d'espionage, ou d'avoir ménagé des intelligences, soit avec les puissances étrangères, soit avec des émigrés, ou tous autres ennemis de la France, seront punis de mort, et leurs biens déclarés appartenir à la République.

X. Ceux qui, après la huitaine de la publication de la présente loi, ne se seront pas présentés devant leur municipalité ou section, pour obtenir leur certificat d'hospitalité, seront punis de dix années de fers, à moins qu'ils ne justifient qu'ils en ont été empêchés pour cause de maladie ou d'absence.

XI. Ceux qui seront découverts sous un déguisement ou travestissement quelconque, ou qui seront supposés d'une nation différente de celle sur le territoire de laquelle ils sont nés, seront punis de mort.

XII. Les étrangers nés dans les pays avec lesquels la République est en guerre, qui entreroient en France après la publication de la présente loi, seront déclarés conspirateurs, et comme tels punis de mort.

XIII. Les enfans des étrangers qui ont été envoyés en France pour leur éducation, auront la liberté d'y rester, pourvu que les personnes chez qui ils demeurent, répondent de leur civisme.

XIV. Dans le cas où, après seize ans révolus, ils ne seroient attestés par aucun citoyen d'un civisme connu, il leur sera délivré un certificat sur lequel leur itinéraire sera tracé jusqu'à la frontière; et ils seront tenus de sortir de la République dans le délai de quinzaine au plus tard.

XV. Quant aux étrangers nés chez les puissances avec lesquelles la République française n'est point en guerre, ils seront assujettis, pour constater leur civisme, aux mêmes formalités que les précédens; et dans le cas où le certificat d'hospitalité leur seroit refusé, ils seront également tenus de sortir du territoire de la République dans le délai ci-dessus fixé. En conséquence la Convention nationale rapporte son décret du (2 août 1792) en faveur des étrangers déserteurs.

XVI. Il est enjoint aux autorités constituées de tenir strictement la main à l'exécution de la présente loi, à peine de répondre personnellement des évènemens.

Recueil sur les étrangers.   B

DECRETS qui étendent aux Anglais les mesures prises con-
tre les Espagnols et autres étrangers avec le pays desquels la Ré-
publique est en guerre.

Des 7, 13 et 14 septembre 1793, (n°. 2133.)

1.er *Du 7 septembre 1793.*

LA Convention nationale, sur la pétition du département de Paris, convertie
en motion par un membre, décrète que les mesures employées contre les Espagnols, seront étendues aux Anglais, et en général, contre tous étrangers avec
le pays desquels la République est en guerre; en conséquence, que tous les
étrangers qui sont actuellement en France, seront mis en état d'arrestation, et
que leurs biens seront confisqués au profit de la République.

2.e *du 13 septembre 1793.*

LA Convention nationale, ouï le rapport de la commission des finances et du
comité de commerce, rapporte le décret du 7 de ce mois, en ce qui concerne
les mesures prescrites à l'égard des biens appartenant en France à tous autres
étrangers qu'aux Espagnols.

3.e *Du 14 septembre 1793.*

LA Convention nationale, ouï la pétition de la société des amis de la liberté
et de l'égalité, séante à Paris, convertie en motion par plusieurs membres, sus-
pend l'exécution du décret par lequel elle a rapporté la loi du 7 septembre qui
étendoit aux Anglais les mesures prises contre les Espagnols.

———

DECRET qui déclare traîtres à la patrie et hors de la loi, les
Français qui ont accepté ou accepteroient des fonctions publiques
dans les parties du territoire français envahies par l'ennemi.

Du 7 septembre 1793; (n°. 1587.)

LA Convention nationale décrète ce qui suit:

ART. I.er Tous les Français qui ont accepté ou accepteroient ci-après, des
fonctions publiques dans les parties du territoire de la République envahies par
les puissances ennemies, sont déclarés traîtres à la patrie et hors de la loi.

II. Tous les biens des personnes mentionnées dans l'article précédent, sont confisqués au profit de la République.

EXTRAIT du décret contenant des mesures relatives à la trahison par laquelle le port de Toulon a été livré aux Anglais.

Du 9 septembre 1793, (n°. 1504.)

LES Anglais qui sur le territoire de la République ont été en état de détention, conformément à la loi du 6 de ce mois ou qui le seroient en vertu de la même loi, seront soigneusement resserrés sous la responsabilité individuelle des corps administratifs. Ils seront regardés comme ôtages, et répondront sur leur tête, de la conduite que l'amiral *Hood* et les sections de Toulon tiendront à l'égard des représentans du peuple *Bayle* et *Beauvais*, de la femme et de l'enfant du général *Lapoipe*, et des autres patriotes opprimés et incarcérés à Toulon. (Art. IV.)

La déclaration préliminaire et la proclamation de l'amiral *Hood*, les lettres interceptées par les représentans du peuple; le rapport du comité de salut public et toutes les autres pièces relatives à la trahison de Toulon, seront imprimés et envoyés aux départemens et aux armées. (Art. X.)

DECRET relatif aux ouvriers, artistes, et autres citoyens utiles, originaires d'Angleterre, et vivant de leur industrie en France.

Du 9 septembre 1793, (n°. 1505.)

LA Convention nationale, expliquant l'article IV de son décret de ce jour, déclare que dans les dispositions de cet article, elle n'a pas entendu comprendre les ouvriers, artistes et autres citoyens utiles, originaires d'Angleterre, vivant de leur industrie, de leur commerce et du travail de leurs mains, lesquels en étoient déjà exceptés par la loi du 6 septembre; charge le ministre de l'intérieur de faire publier dans le jour le présent décret, avec une proclamation qui tranquillise les citoyens paisibles.

DECRET additionnel à celui du 7 de ce mois, relatif aux Français qui auroient exercé des emplois dans les lieux envahis par les puissances étrangères.

Du 17 septembre 1793, (n°. 1536)

LA Convention nationale décrète ce qui suit :

ART. I.er Le ministre de l'intérieur donnera sur-le-champ les ordres nécessaires pour faire arrêter les individus qui, étant compris dans le décret du 7 de ce mois, relatif aux emplois exercés par des Français dans les lieux envahis par les puissances étrangères, auroient pu ou pourroient ci-après rentrer dans le territoire non envahi de la République.

II. Les dispositions du décret du 7, ci-dessus mentionné, et celles de l'article précédent, sont communes à tout Français employé au service de la République, ou jouissant de ses bienfaits, qui, après l'invasion du lieu de sa résidence, ou de l'exercice momentanée de ses fonctions, n'est pas rentré aussitôt dans le territoire non envahi de la République.

III. Sont exceptés les officiers de santé qui ont été chargés du traitement des malades restés dans les lieux envahis.

DECRET contenant une exception à la loi contre les étrangers.

Du 17 Vendémiaire, an II. (N°. 1746.)

LA Convention nationale, après avoir entendu le rapport de son comité de législation sur la pétition de Louis-Nicolas Lépy, né en Allemagne de père et mère français, et rentré six semaines après sa naissance, avec sa mère en France, où il a toujours résidé depuis, et où il est employé en qualité de sergent-major dans une compagnie de la garde parisienne, par laquelle il demande s'il est sujet à la loi contre les étrangers;

Passe à l'ordre du jour, motivé sur ce que la loi n'atteint pas les citoyens nés de père et mère français en pays étranger, lorsqu'ils ont habité la France et y ont joui des droits de citoyen.

DECRET qui proscrit du sol de la République toutes marchandises fabriquées ou manufacturées dans les pays soumis au gouvernement britannique.

Du 18 Vendémiaire, an II. (N°. 1678.)

LA Convention nationale, après avoir entendu le rapport du comité de salut public, décrète ce qui suit :

ART. Ier Toutes marchandises fabriquées ou manufacturées en Angleterre, en Écôsse, en Irlande, et dans tous les pays soumis au gouvernement britannique, sont proscrites du sol et territoire de la République française.

II. L'administration des douanes est tenue sous la responsabilité personnelle des administrateurs et des préposés, de veiller à ce qu'il ne soit introduit ni importé en France, aucune desdites marchandises. Les administrateurs et préposés qui auroient permis ou souffert l'introduction, ou importation desdites marchandises en France, seront punis de vingt ans de fers.

III. Toute personne qui, à compter du jour de la publication du présent décret, fera importer, importera, introduira, vendra ou achetera directement ou indirectement des marchandises manufacturées ou fabriquées en Angleterre, sera punie de la même peine portée en l'article précédent.

IV. Toute personne qui portera ou se servira desdites marchandises importées depuis la publication du présent décret, sera réputée suspecte et punie comme telle, conformément au décret rendu le 17 septembre dernier.

V. Toutes affiches, placards et enseignes conçus en langue angloise, ou indiquant des magazins de marchandises anglaises, ou portant des signes ou des dénominations anglaises, ainsi que tous journaux qui annonceroient ou publieroient la vente de pareilles marchandises, sont proscrits, sous peine de vingt ans de fers contre les auteurs et propriétaires desdites affiches, placards, enseignes et journaux.

VI. Les Français propriétaires de marchandises anglaises seront tenus de faire leur déclaration dans quinzaine, devant les municipalités des lieux où ils résident, et d'y faire constater la facture. Les municipalités en feront passer les états au conseil exécutif.

VII. Toutes les marchandises de fabrique ou de manufacture anglaise, existant dans les divers magasins ou boutiques, seront remises dans des dépôts indiqués par le conseil exécutif, sauf indemnité pour lesdits propriétaires et marchands, qui sera réglée d'après les états et les factures qui seront remis en vertu de l'article précédent.

DECRET qui ordonne l'arrestation de tous les sujets du Roi de la Grande-Bretagne, actuellement dans l'étendue de la République.

Du 19 Vendémiaire, an II.ᵉ (N° 1687.)

La Convention nationale, après avoir entendu le rapport de son comité de législation, décrète ce qui suit:

ART. I.ᵉʳ Tous les meubles, immeubles, créances, rentes et généralement tous les biens, toutes les sommes et effets quelconques appartenant, ou dus en France ou dans les colonies françaises, à des Anglais, Écossais, Irlandais, Hanovriens de l'un et l'autre sexe, et généralement à des sujets du roi de la Grande-Bretagne, sont confisqués au profit de la République, et seront, à la réception du présent décret, saisis et mis sous la main des régisseurs des domaines nationaux.

II. Tout détenteur, fermier, débiteur ou dépositaire de biens, effets, sommes, créances et autres objets ci-dessus désignés, est tenu d'en faire la déclaration dans les vingt-quatre heures qui suivront la publication du présent décret, à l'administration de son district, sous peine de dix années de fers, et d'une amende égale à la valeur de l'objet non déclaré; la moitié de cette somme sera adjugée au dénonciateur.

III. Toute quittance ou décharge de sommes ou effets ci-dessus désignés, qui n'auroit pas été enregistrée avant ce jour, est nulle; chaque receveur des droits d'enregistrement est tenu, à peine de destitution, de faire arrêter ses registres par le juge de paix de sa résidence.

IV. Tous les Anglais, Écossais, Irlandais, Hanovriens de l'un et l'autre sexe, et généralement tous les sujets du roi de la Grande-Bretagne, qui sont actuellement dans l'étendue de la République, seront à l'instant de la réception du présent décret, mis en état d'arrestation dans des maisons de sûreté, et les scellés seront apposés sur leurs papiers.

V. Celui qui logeroit ou recéleroit quelqu'un des individus ci-dessus désignés, et n'en feroit pas sa déclaration dans les vingt-quatre heures, sera puni de dix années de fers.

VI. La même peine aura lieu contre tout fonctionnaire public qui seroit convaincu de négligence dans l'exécution du présent décret.

VII. Sont exceptés du présent décret les ouvriers nés sujets du roi de la Grande-Bretagne, qui sont depuis six mois en activité de service dans les ma-

nufactures de France, et les enfans placés dans les écoles françaises au-dessous
de l'âge de douze ans. Les scellés seront néanmoins apposés sur leurs papiers.

VIII. Le présent décret sera envoyé à tous les départemens par des couriers
extraordinaires.

IX. La rédaction du présent décret arrêtée dans la séance d'hier, est rap-
portée.

EXTRAIT du décret de la Convention nationale contenant des mesures pour l'éxtinction de la mendicité.

Du 24 Vendémiaire, an II.ᵉ (Nᵒ. 1742.)

TOUT mendiant reconnu étranger, sera conduit sur la frontière de la République aux frais de la nation; il lui sera payé trois sous par lieue, jusqu'au premier village du territoire étranger. (Art. VI, titre II.)

DÉCRET qui excepte de la loi relative à l'arrestation des étran-gers, les épouses des citoyens des Etats-Unis de l'Amérique.

Du 5 Brumaire, an II.ᵉ (Nᵒ. 1785.)

LA Convention nationale, après avoir entendu la pétition des citoyens Amé-
ricains, et sur la proposition d'un membre, décrète que les épouses des citoyens des Etats-Unis de l'Amérique, quel que soit le lieu de leur naissance
personnelle, sont exceptées de la loi relative à l'arrestation des étrangers.

DÉCRET qui ordonne le séquestre des biens des Français sortis du territoire de la République avant le premier Juillet 1789, et qui n'y sont pas rentrés.

Du 11 Brumaire, an II.ᵉ (Nᵒ. 2240.)

LA Convention nationale, sur la proposition faite de déclarer que la loi qui
ordonne le séquestre des biens des étrangers, soit applicable aux Français qui
sont sortis du territoire de la République avant le 1.ᵉᵉ juillet 1789, et qui depuis
ne sont pas rentrés en France, décrète le principe, et renvoie la rédaction du
décret au comité de législation.

DECRET qui excepte les médecins de la loi sur les étrangers.

Du 13 Brumaire, an IIe (N°. 1.)

LA Convention nationale, sur la motion d'un membre, interprétant la loi sur les étrangers, décrète que les médecins, comme ouvriers de santé, sont compris en cette qualité dans l'exception de l'article IX, concernant les ouvriers.

DECRET concernant les relations de la République Française avec les autres Sociétés politiques.

Du 27 Brumaire, an II. (n°. 1895.*)

La Convention nationale, voulant manifester aux yeux de tous les peuples les principes qui la dirigent, et qui doivent présider aux relations de toutes les sociétés politiques; voulant en même temps déconcerter les manœuvres employées par les ennemis de la République pour rendre ses intentions suspectes à ses alliés, et particulièrement aux Cantons Suisses et aux Etats-unis d'Amérique, décrète ce qui suit :

ART. Ier. La Convention nationale déclare au nom du peuple Français, que sa résolution constante est d'être terrible envers ses ennemis, généreuse envers ses alliés, juste envers tous les peuples.

II. Les traités qui lient la France aux Etats-unis d'Amérique et aux Cantons, seront fidèlement exécutés.

III. Quant aux modifications qui auroient pu être nécessitées par la révolution qui a changé le gouvernement Français, ou par les mesures générales et extraordinaires que la République est obligée de prendre pour la défense de son indépendance et de sa liberté, la Convention nationale se repose sur la loyauté réciproque et sur l'intérêt commun de la nation Française et de ses alliés.

IV. Elle enjoint aux citoyens et à tous les agens civils et militaires de la République, de respecter et faire respecter le territoire des nations alliées ou neutres.

Elle leur défend particulièrement de violer celui des Cantons Suisses, ou des pays qui lui sont unis par des traités d'alliance ou de co-bourgeoisie.

V. Le comité de salut public est chargé de s'occuper des moyens de resserrer de plus en plus les liens de l'alliance et de l'amitié qui unissent la république Française aux Cantons Suisses et aux Etats-unis d'Amérique.

VI.

VI. Dans toutes les discussions sur les objets particuliers de réclamations respectives; il prouvera aux cantons et aux Etats-unis, par tous les moyens compatibles avec les circonstances impérieuses où se trouve la République, les sentimens d'équité, de bienveillance et d'estime dont la nation Française est animée envers eux.

VII. Le présent décret et le rapport du comité de salut public seront imprimés, traduits dans toutes les langues, répandus dans toutes les parties de la République et dans les pays étrangers, pour attester à l'univers les principes de la nation Française et les attentats de ses ennemis contre la sûreté générale de tous les peuples.

DECRET portant qu'aucun Déserteur étranger ne sera admis à servir dans les Armées de la République.

Du 12 Frimaire, an II. (1960.)

La Convention nationale, après avoir entendu son comité de la guerre, décrète :

ART. Ier Aucun déserteur étranger ne sera plus admis à servir dans les armées de la République, jusqu'à ce qu'il en ait été autrement ordonné par la Convention nationale.

II. Les lois des 2 et 27 août 1792 [*vieux style*], relatives aux avantages accordés aux officiers, sous-officiers et soldats des troupes étrangères, sont rapportées et considérées comme non avenues.

III. La Convention nationale charge le comité de salut public de proposer les moyens d'occuper utilement ces militaires étrangers.

DECRET qui ordonne l'exécution des Traités existant entre la France et la République de Gênes.

Du 2 Nivôse, an II. (n°. 1996.)

La Convention nationale, considérant que le peuple Gênois se reposant avec trop de sécurité et de confiance sur la neutralité qu'il avoit observée, n'ayant alors aucuns moyens de faire respecter la neutralité de son port et de résister à une agression imprévue, n'a eu aucune part au massacre de trois cents Français fusillés à bord de la frégate *la Modeste*, et à la prise de la frégate dans le port de Gênes;

Recueil sur les étrangers.   C

Que la République ne doit demander compte du sang Français qu'à ceux qui l'ont versé par la plus lâche trahison :

Qu'elle ne doit pas confondre avec ses ennemis une nation qui n'a pu empêcher ni prévenir le crime qui n'a été commis dans son port que pour l'en faire juger complice ;

Que la France doit donner, au milieu des agitations et des ressentimens qu'excite l'atrocité des forfaits de ses ennemis, l'exemple d'une grande nation qui sait et veut être juste envers tous les peuples ;

Déclare qu'elle regarde le gouvernement Anglais comme seul coupable du massacre de l'équipage de la frégate *la Modeste*, commis dans le port de Gênes ; qu'elle dirigera toutes ses forces contre ce gouvernement féroce, pour venger la France et toutes les nations libres ;

Que le peuple Génois n'a point violé sa neutralité envers la France ; qu'il ne sera point traité comme ennemi de la République ;

Décrète :

ART. Ier. Les traités qui lient la France et la République de Gênes, seront fidèlement exécutés.

II. Le décret qui défend aux commissaires de la trésorerie nationale et à tous débiteurs Français de faire, pour quelque cause que ce soit, aucuns payemens aux peuples avec lesquels la République est en guerre, ne sera pas applicable aux Génois.

III. Les relations commerciales qui ont existé entre la République et les Génois, sont maintenues et protégées.

IV. Les Génois seront payés comme les habitans des pays et États avec lesquels la France n'est point en guerre.

Pour mettre les Génois à portée de satisfaire à ce qui a été prescrit aux créanciers de la République pour la conservation de leur rentes et de leurs créances et pour se faire inscrire sur le grand livre, le delai qui doit expirer le premier janvier (vieux style), terme de la loi du 24 août, est prorogé jusqu'au quinze ventôse prochain.

DÉCRET qui exclut les individus nés en pays étranger du droit de représenter le Peuple.

Du 5 Nivose, an II. (n°. 1995.)

La Convention nationale, par mesure révolutionnaire et de salut public, décrète :

ART Ier. Tous individus nés en pays étranger sont exclus du droit de représenter le peuple Français.

II. Les citoyens nés en pays étranger qui sont actuellement membres de la Convention nationale, ne pourront à compter de ce jour, participer à aucune de ses délibérations; leurs suppléans seront appelés sans délai par le comité des décrets.

III. La Convention renvoie à son comité de salut public la proposition d'exclure les individus nés en pays étranger de toutes autres fonctions publiques, et le charge de faire un prompt rapport sur cet objet.

———————

DÉCRET contenant une exception au Décret relatif aux Représentans du Peuple nés en pays étranger.

Du 16 nivose, an IIe (N°. 2051.)

La Convention nationale déclare qu'elle n'a point entendu comprendre dans son décret relatif aux représentans du peuple nés en pays étranger, les fils de Français nés pendant le temps de mission donnée à leurs pères par le gouvernement, ni les fils de protestans obligés de quitter la France pour cause de religion, et depuis rentrés sous la tolérance ou la protection expresse de la loi.

———————

DÉCRET portant que les Biens situés en France provenant des Jésuites de Trèves et des Abbayes, Corps et Communautés étrangers, seront régis et vendus comme les autres Domaines Nationaux.

du 13 Pluviose, an IIe (N°. 2141.)

La Convention nationale, après avoir entendu le rapport de ses comités des domaines et d'aliénation, décrète:

ART. Ier Les biens provenant des jésuites de Trèves, et concédés par le ci-devant roi au séminaire de la même ville, seront régis, vendus et payés comme les autres biens nationaux, et il en sera usé de même à l'égard des biens ecclésiastiques situés en France, provenant des abbayes, corps et communautés, chapitres, bénéfices, collégiales, séminaires, prieurés, hospices, hôpitaux, fabriques, confréries ou congrégations, étrangers, et de tous autres biens de pareille nature, sous quelque dénomination qu'ils soient connus.

C 2

II. Les fermiers, administrateurs, syndics et tous autres percepteurs rendront compte, dans le mois, de leur gestion à l'administration des domaines nationaux, et remettront tous les titres dont ils sont nantis, aux directoires des districts dans l'arrondissement desquels sont situés les biens, rentes ou séquestres, à peine d'être déclarés suspects et mis en état d'arrestation, sans préjudice des poursuites de droit auxquelles leur refus ou négligence pourroit donner lieu.

III. Les administrations de district seront tenues de rendre compte, de trois mois à autres, de l'exécution du présent décret, sous les peines portées par la loi.

DECRET relatif aux mariages que peuvent contracter les filles ou femmes d'émigrés.

Du 4 Germinal, an II.ᵉ (N°. 2280.)

LA Convention nationale, après avoir entendu le rapport du comité de salut public, décrète ce qui suit:

Nulle femme ou fille d'émigré, soit qu'elle soit divorcée ou non, ne pourra épouser un étranger, ni sortir du territoire de la République, ni vendre ses biens, sous peine d'être traitée comme émigrée.

DECRETS concernant la répression des conspirateurs, l'éloignement des ex-nobles, des étrangers, et la police générale de la République.

Des 27.ᵉ et 28.ᵉ jours de Germinal, l'an deuxième de la République française, une et indivisible.

I.ᵉʳ Décret, du 27 Germinal. (N°. 2297.)

LA Convention nationale, après avoir entendu le rapport de ses comités de sûreté générale et de salut public, décrète ce qui suit:

ART. I.ᵉʳ Les prévenus de conspiration seront traduits de tous les points de la République, au tribunal révolutionnaire à Paris.

II. Les comités de salut public et de sûreté générale rechercheront promptement les complices des conjurés, et les feront traduire au tribunal révolutionnaire.

III. Les commissions populaires seront établies pour le 15 floréal.

IV. Il est enjoint à toutes les administrations et à tous les tribunaux civils de terminer, dans trois mois à compter de la promulgation du présent décret, les affaires pendantes, à peine de destitution; et à l'avenir toutes les affaires privées devront être terminées dans le même délai, sous la même peine.

V. Le comité de salut public est expressément chargé de faire inspecter les autorités et les agens publics chargés de coopérer à l'administration.

VI. Aucun ex-noble, aucun étranger des pays avec lesquels la République est en guerre, ne peut habiter Paris ni les places fortes, ni les villes maritimes pendant la guerre. Tout noble ou étranger dans le cas ci-dessus, qui y seroit trouvé dans dix jours, est mis hors la loi.

VII. Les ouvriers employés à la fabrication des armes à Paris, les étrangères qui ont épousé des patriotes français, les femmes nobles qui ont épousé des citoyens non nobles, ne sont point compris dans l'article précédent.

VIII. Les étrangers ouvriers, vivant du travail de leurs mains antérieurement au présent décret, les marchands détaillans établis aussi antérieurement au présent décret, les enfans au-dessous de quinze ans, et les vieillards âgés de plus de soixante-dix ans, sont pareillement exceptés.

IX. Les exceptions relatives aux nobles et étrangers militaires, sont renvoyées au comité de salut public, comme mesure de gouvernement.

X. Le comité de salut public est également autorisé à retenir par réquisition spéciale, les ci-devant nobles et les étrangers dont il croira les moyens utiles à la République.

XI. Les comités révolutionnaires délivreront les ordres de *passe*; les individus qui les recevront seront tenus de déclarer le lieu où ils se retirent : il en sera fait mention dans l'ordre.

XII. Les comités révolutionnaires tiendront registre de tous les ordres de *passe* qu'ils délivreront, et feront passer un extrait de ce registre chaque jour aux comités de salut public et de sûreté générale.

XIII. Les ci-devant nobles et les étrangers compris dans le présent décret, seront tenus de faire viser leur ordre de *passe* au moment de leur arrivée, par la municipalité dans l'étendue de laquelle ils se retireront. Ils seront également tenus de se représenter tous les jours à la municipalité de leur résidence.

XIV. Les municipalités seront tenues d'adresser sans délai aux comités de salut public et de sûreté générale, la liste de tous les ci-devant nobles et des étrangers demeurant dans leur arrondissement, et de tous ceux qui s'y retireront.

XV. Les ci-devant nobles et étrangers ne pourront être admis dans les sociétés populaires et comités de surveillance, ni dans les assemblées de commune ou de section.

XVI. Le séjour de Paris, des places fortes, des villes maritimes, est interdit aux généraux qui n'y sont point en activité de service.

XVII. Le respect envers les magistrats sera religieusement observé; mais tout citoyen pourra se plaindre de leur injustice, et le comité de salut public les fera punir selon la rigueur des lois.

XVIII. La Convention nationale ordonne à toutes les autorités de se renfermer rigoureusement dans les limites de leurs institutions, sans les étendre ni les restreindre.

XIX. Elle ordonne au comité de salut public d'exiger un compte sévère de tous les agens, de poursuivre ceux qui serviront les complots, et auront tourné contre la liberté le pouvoir qui leur aura été confié.

XX. Tous les citoyens sont tenus d'informer les autorités de leur ressort, et le comité de salut public, des vols, des discours inciviques et des actes d'oppression dont ils auroient été victimes ou témoins.

XXI. Les représentans du peuple se serviront des autorités constituées, et ne pourront déléguer de pouvoirs.

XXII. Les réquisitions sont interdites à tous autres que la commission des subsistances et les représentans du peuple près les armées, sous l'autorisation expresse du comité de salut public.

XXIII. Si celui qui sera convaincu désormais de s'être plaint de la révolution, vivoit sans rien faire, et n'étoit ni sexagénaire, ni infirme, il sera déporté à la Guiane : ces sortes d'affaires seront jugées par les commissions populaires.

XXIV. Le comité de salut public encouragera par des indemnités et des récompenses, les fabriques, l'exploitation des mines, les manufactures, le desséchement des marais. Il protégera l'industrie, la confiance entre ceux qui commercent; il fera des avances aux négocians patriotes qui offriront des approvisionnemens au *maximum*. Il donnera des ordres de garantie à ceux qui ameneront des marchandises à Paris, pour que les transports ne soient pas inquiétés : il protégera la circulation des rouliers dans l'intérieur, et ne souffrira pas qu'il soit porté atteinte à la bonne-foi publique.

XXV. La Convention nationale nommera dans son sein deux commissions, chacune de trois membres; l'une chargée de rédiger, en un code succinct et complet, les lois qui ont été rendues jusqu'à ce jour, en supprimant celles qui sont devenues confuses; l'autre commission sera chargée de rédiger un code d'ins-titutions civiles, propres à conserver les mœurs et l'esprit de la liberté. Ces com-missions feront leur rapport dans un mois.

XXVI. Le présent décret sera proclamé dans demain à Paris, et son insertion au bulletin tiendra lieu de publication dans les départemens.

IIème *Décret, du* 28 *Germinal.*

LA Convention nationale, après avoir entendu le rapport de ses comités de sa-lut public et de sûreté générale, décrète ce qui suit :

ART. Ier Sont exceptés de la loi des 26 et 27 de ce mois les étrangers domi-ciliés en France depuis vingt ans, et ceux qui y étant domiciliés depuis six ans seulement, ont épousé une française non noble.

II. Sont assimilés aux nobles et compris dans la même loi, ceux qui, sans être nobles suivant les idées ou les règles de l'ancien régime, ont usurpé ou acheté les titres ou les privilèges de la noblesse, et ceux qui auroient plaidé ou fabri-qué de faux titres pour se les faire attribuer.

DECRET *contenant une nouvelle rédaction de l'article VIII du décret du* 27 *germinal sur la police générale.*

Du 29 Germinal, an IIe, (n°. 2306.)

LA Convention nationale décrète que l'article VIII du décret rendu dans la séance du 27 germinal sur la police générale, demeurera définitivement rédigé dans les termes suivans :

Les étrangers ouvriers, vivant du travail de leurs mains antérieurement à la loi du mois d'août (*vieux style*) relative aux mesures de police contre les étran-gers; ceux des étrangers seulement qui seront reconnus pour avoir été marchands détaillans antérieurement au mois de mai 1789; les enfans au-dessous de quinze ans et les vieillards âgés de plus de soixante-dix ans, sont pareillement ex-ceptés.

EXTRAITS

Du registre des arrêtés du comité de salut public de la Convention nationale.

QUESTIONS *relatives à la loi du 27 Germinal.*

Du 2 Floréal, l'an deuxième de la République française, une et indivisible.

DES citoyens se présentent en foule pour demander au comité de salut public des explications sur la loi du 27 germinal, relative à la police générale.

Des veuves sans enfans, de ci-devant nobles, nées roturières;

Des femmes de ci-devant nobles, nées roturières, divorcées avant la loi;

Des citoyens ayant pris la qualification d'*écuyer*, pendant le temps qu'ils occupoient des charges qui leur donnoient la noblesse personnelle; tous demandent s'ils sont compris dans la loi?

Décision du comité.

Le comité répond que non, d'après le texte même de la loi, qui, ne parlant pas des cas proposés, les excepte nécessairement.

Cette note sera insérée au bulletin et dans les journaux, pour servir d'avertissement aux citoyens.

Qualification d'écuyer.

Du 6 Floréal, l'an deuxième de la République française, une et indivisible.

LE comité de salut public arrête:

Que le titre d'écuyer n'ayant été pris par le père et les enfans que pendant le temps que le père occupoit et portoit dans la famille une charge qui donnoit ce titre, ni le père ni les enfans ne sont compris dans la loi.

Enfans

Enfans de religionnaires fugitifs.

Du 8 Floréal.

Le comite de salut public arrête :

Que les enfans des citoyens connus autrefois sous le nom de *religionnaires fugitifs*, étant réputés français, quoique nés en pays étrangers, d'après un décret de l'assemblée constituante, ne sont pas compris dans la loi du 27 germinal, de la police générale de la République.

Le présent arrêté sera inséré dans le bulletin de la Convention nationale, et dans les papiers publics.

Femmes nées nobles, veuves de non-nobles.

« La femme née noble, mais qui a épousé un mari non-noble, dont elle
» est restée veuve avec enfans non-nobles, perd-elle, par son veuvage, le droit
» d'exemption prononcé en faveur des femmes nées nobles, et actuellement
» mariées à des hommes non-nobles ? »

Décision du Comité.

La femme ayant des enfans, et ne s'étant pas remariée, n'a pas perdu la condition de son mari ; elle n'est pas comprise dans la loi.

Dans la séance du 27 germinal, Barrère à observé : « que la femme, qui,
» née noble, s'est attachée par principe à un homme *de la classe du peuple*,
» comme on l'appeloit alors, doit jouir des avantages de la classe populaire. ».

Il est décrété en principe, *que, dans tous les cas, la femme suivra le sort du mari.*

Femmes enceintes de sept mois.

Du 3 Floréal.

Le Comité de Salut public, arrête :

Que l'exécution de la loi du 27 germinal, concernant les mesures de police générale de la République, est suspendue à l'égard des femmes grosses de sept mois, jusqu'après leurs couches et leur rétablissement ; le délai ne pourra être plus long de deux mois, à compter du jour de l'accouchement.

Le présent arrêté sera inséré au bulletin de la Convention.

Femmes et enfans des employés requis.

Du 4 Floréal.

Le comité de salut public, arrête :

Que les femmes et les enfans des citoyens mis en réquisition par le comité, en exécution de l'article X du décret des 26 et 27 germinal, sont autorisés de continuer leur résidence dans les communes de leur domicile, sans que l'on puisse leur opposer les dispositions du décret concernant les ex-nobles et les étrangers sujets des gouvernemens avec lesquels la République est en guerre.

Le présent arrêté sera inséré dans le bulletin de la Convention nationale.

Femmes de septuagénaires mariées depuis dix ans.

Du 6 Floréal.

Le comité de salut public, en vertu du décret du 26 germinal, concernant les mesures de police générale de la République, arrête :

Que les femmes des maris septuagénaires, exceptés par la loi, et mariées depuis dix ans, sont autorisées à demeurer à Paris.

Le présent arrêté sera inséré dans le bulletin de la Convention nationale.

Militaires en activité de service.

Du 27 Germinal.

Le comité de salut public, en vertu de l'article X du décret de ce jour, sur les mesures de police générale dans la République, arrête :

Que tous les militaires actuellement en activité de service, sont mis en réquisition, et demeureront à leur poste.

Ingénieurs des Ponts et Chaussées, et de la Marine.

Du 2 Floréal.

Le comité de salut public, arrête :

Que les citoyens ingénieurs et élèves des ponts et chaussées, et les ingénieurs de la marine, sont en réquisition pour être employés à leurs fonctions.

Employés dans les subsistances et Hôpitaux militaires.

Du 4 Floréal.

Le comité de salut public, arrête:

Que tous les agens employés dans la ci-devant administration des subsistances militaires, dans celle des hôpitaux militaires, sont en réquisition, et continueront provisoirement leurs fonctions, sans pouvoir quitter leurs emplois, s'ils n'en obtiennent l'ordre.

Le présent arrêté sera inséré dans le bulletin de la Convention nationale.

Employés dans les Postes et Messageries.

Du 4 Floréal.

Le comité de salut public, arrête:

Que tous les citoyens employés dans les postes et messageries sont en réquisition pour continuer provisoirement leurs fonctions, qu'ils ne pourront cesser de remplir sans un ordre formel.

Le présent arrêté sera inséré dans le bulletin de la Convention nationale.

Employés dans les Transports et Convois militaires.

Du 4 Floréal.

Le comité de salut public, arrête:

Que les agens employés dans les transports, charrois et convois militaires, et dans tous les équipages de transports et d'artillerie, soit pour le service actif, soit pour le service des bureaux, sont en réquisition pour continuer leurs fonctions, qu'ils ne pourront cesser sans un ordre formel.

Le présent arrêté sera inséré dans le bulletin de la Convention nationale.

Agens employés à la Fabrication des Armes, Poudres et Salpêtres.

Du 28 Germinal.

Le comité de salut public, en vertu du décret du 27 de ce mois, concernant les mesures de police générale de la République, arrête:

Que les entrepreneurs ou autres agens employés à la fabrication des armes

D 2

de tout genre , et des poudres et salpêtres , dans toute l'étendue de la République , sont mis en réquisition , et continueront l'exercice de leurs fonctions.

Employés dans la commission des approvisionnemens.

Du 4 Floréal.

Le comité de salut public, arrête :

Que tous les citoyens employés par la commission des subsistances et approvisionnemens de la République, sont en réquisition , et continueront provisoirement leurs fonctions, soit dans la commission d'agriculture et des arts , soit dans celle du commerce et des approvisionnemens , et qu'ils ne pourront cesser de les remplir sans un ordre formel.

Employés de la Commission de commerce.

Du 6 Floréal.

Le comité de salut public , arrête :

Que les citoyens employés par la ci-devant administration de l'habillement , qui est maintenant une division de la commission du commerce et des approvisionnemens , sont en réquisition , et ne pourront quitter leur poste , , sans un ordre formel.

Le présent arrêté sera inséré au bulletin.

DECRET.

Citoyens occupés à la manipulation, transport et débit des denrées et marchandises de première nécessité.

Du 15 Floréal.

La Convention nationale , après avoir entendu le rapport de son comité de salut public , décrète ,

ART. Ier. Tous ceux qui contribuent à la manipulation , au transport et débit des denrées et marchandises de première nécessité, autres toutefois que ceux qui sont compris dans les décrets des 26 et 27 germinal , sur la police de la République , sont mis en réquisition.

Manufactures de toiles à voiles.

Du 29 Germinal.

Le comité de salut public, en vertu de l'article X du décret du 27 de ce mois, concernant la police générale de la République, arrête :

Que les entrepreneurs, associés, commis, contre-maîtres et ouvriers des manufactures de toiles à voiles, sont mis en réquisition pour le service de la République. Le ministre de la marine se fera remettre une liste de tous les ex-nobles et étrangers, employés dans le nombre des citoyens mis en réquisition ; il sera fait mention de leurs divers emplois, de leur utilité. La liste sera présentée au comité de salut public.

Artistes de l'institut national de musique.

Du 3 Floréal.

Le comité de salut public, en vertu du décret du 29 germinal, concernant les mesures de police générale de la République, requiert les citoyens artistes composant l'institut national de musique, établi par la Convention nationale, pour être employés aux travaux patriotiques dont il est chargé.

Payeurs des rentes supprimés.

Du 3 Floréal.

Le comité de salut public, d'après les dispositions du décret des 26 et 27 germinal, met en réquisition les payeurs des rentes, supprimés par le décret du 28 août 1793 (*vieux style*), pour continuer et achever leurs fonctions aux termes de ce décret, et rendre leurs comptes dans le délai qui leur est fixé.

Le présent arrêté sera inséré au bulletin de la Convention nationale.

Citoyens chargés de rendre compte des régies.

Du 5 Floréal.

Le comité de salut public arrête :

Que tous les citoyens comptables, chargés de rendre compte des régies et administrations, sont en réquisition pour rendre leurs comptes.

Le présent arrêté sera inséré dans le bulletin.

Citoyens des villes anséatiques.

Le comité de salut public arrête:

Que les citoyens des villes anséatiques résidant en France, y seront traités comme les citoyens des pays neutres ou alliés, et que l'on ne pourra leur opposer les dispositions du décret des 26 et 27 germinal, concernant les sujets des gouvernemens avec lesquels la République est en guerre.

Le présent arrêté sera inséré dans le bulletin de la Convention nationale.

Réfugiés Bataves.

Du 5 Floréal.

Le comité de salut public arrête:

Que les dispositions du décret rendu les 26 et 27 germinal, contre les ex-nobles et les étrangers des gouvernemens avec lesquels la République est en guerre, ne sont pas applicables aux réfugiés Bataves qui se sont retirés en France pour cause de révolution avant 1790, et qui sont mis en réquisition pour continuer librement leur résidence et leurs professions dans la République.

Le présent arrêté sera inséré dans le bulletin.

Belges, Liégeois et Mayençais.

Du 6 Floréal.

Le comité de salut public est souvent consulté par des Belges, des Liégeois et des Mayençais, sur la question de savoir s'ils sont compris dans la loi des 26 et 27 germinal sur la police; le comité les prévient que cette loi ne les concerne pas.

Le présent arrêté sera inséré au bulletin.

Français chassés par les tyrans.

Du 8 Floréal.

Le comité de salut public arrête:

Que les citoyens nés de parens français, dans les pays avec lesquels la République est en guerre, et qui en ont été chassés pour avoir refusé de prêter le serment exigé par les tyrans, ne sont pas compris dans les mesures de police générale décrétées les 26 et 27 germinal.

Le présent arrêté sera inséré dans le bulletin de la Convention nationale.

Tous les précédens arrêtés sont signés au registre , Robespierre, Billaud-Varenne, Carnot, C. A. Prieur, B. Barère, Lindet, Collot-d'Herbois, et Couthon.

Décret relatif aux créances sur les ennemis de la République , les émigrés , les déportés , les prêtres reclus et les personnes mises hors de la loi ou condamnés par jugemens emportant confiscation de biens.

Du 9 Ventose , an II. (2210.)

La Convention nationale , après avoir entendu le rapport de ses comités de législation, des domaines et d'aliénation , décrète ce qui suit :

Art. Ier. Les tableaux nominatifs qui, aux termes de la loi du 26 frimaire, doivent être dressés de toutes les personnes dont les biens ont été ou seroient ci-après confisqués au profit de la République, seront envoyés et proclamés de la même manière que la liste générale des émigrés , et seront en outre affichés dans chaque chef-lieu de district seulement.

En conséquence l'impression de ces tableaux ne pourra être tirée au-delà de dix mille exemplaires.

II. Dans la décade qui suivra la publication de la présente loi, il sera formé des listes particulières des Anglais, des Espagnols et des princes étrangers en guerre avec la République ou au service de ses ennemis, qui ont en France des biens , soit meubles, soit immeubles, ou des créances.

Ces listes seront faites par les municipalités respectives dans l'arrondissement desquelles ils possèdent des biens ou des créances, et elles indiqueront ces créances et ces biens.

III. Elles seront, dans la décade suivante, adressées par les agens nationaux des communes à l'administration du district , qui les vérifiera, y ajoutera s'il y a lieu , et en formera un état général , que l'agent national adressera dans la troisième décade à l'administration du département, à l'administration des domaines nationaux et à la régie nationale de l'enregistrement et des domaines.

IV. Seront en outre tenus les agens nationaux près les districts, d'adresser tous les mois à l'administration de leur département, à l'administrateur des domaines nationaux et à la régie nationale de l'enregistrement et des domaines, les nouveaux renseignemens qu'ils se sont procurés sur les biens et créances de chacun des individus compris dans l'article II.

V. L'administrateur des domaines nationaux comprendra ces listes et ces ren-seignemens dans les tableaux mentionnés en l'article premier de la présente loi, et dans les états dont la formation est ordonnée par l'article X de la loi du 26 frimaire.

VI. Les créanciers des émigrés n'auront désormais qu'une seule déclaration et qu'un seul dépôt de titres à faire.

Ils les feront au secrétariat du district du dernier domicile de leurs débiteurs, indiqué par la liste générale arrêté en conformité de l'article II de la loi du 27 brumaire.

VII. Les créanciers des déportés, des prêtres reclus, des Anglais, des Espa-gnols et des princes étrangers qui sont en guerre avec la République ou au ser-vice de ses ennemis, des personnes mises hors de la loi ou condamnées avec confiscation de biens, sont assujétis aux mêmes déclarations et dépôts de titres que les créanciers des émigrés.

VIII. Ces déclarations et dépôts seront faits par les créanciers des émigrés et autres dont il est parlé en l'article précédent, dans les quatre mois, à comp-ter du jour de la publication faite au chef-lieu du district de leur domicile, des listes générales ou tableaux sur lesquels leurs débiteurs se trouveront placés.

Ce délai passé, ils seront déchus de leurs créances.

IX. Les dépositaires publics et particuliers, les débiteurs, les comptables, les fermiers et les détenteurs des biens des émigrés et autres compris dans les listes ou tableaux généraux mentionnés en la présente loi, feront dans le même délai les déclarations prescrites par les lois des 25 novembre 1792, 25 juillet 1793, et 26 frimaire, et ce, sous les peines qu'elles prononcent.

X. Les dispositions des lois des 2 septembre et 25 novembre 1792, 13 janvier 1793, 26 frimaire, et autres qui sont contraires à celles de la présente loi, sont rapportées.

Décret qui fixe le délai dans lequel devront être déposés tous fonds ou effets appartenans aux habitans des pays qui sont en guerre avec la République.

Du 18 Messidor, an II. (N°. 26. *)

La Convention nationale, après avoir entendu le rapport du comité des finances, décrète :

ART. Ier. Ceux qui ont entre leurs mains des fonds ou effets appartenans aux habitans des pays qui sont en guerre avec la République, les déposeront, dans un mois de la publication du présent décret par le bulletin, pour ce qui est échu, et au fur et mesure des échéances, ce qui ne sera pas échu, dans les caisses des receveurs de district, et à Paris, à la trésorerie nationale; il leur en sera fourni un récépissé.

II. Les monnoies étrangères qui seront dues, seront réduites en monnoie de France, d'après le cours des changes à Paris, à l'époque du décret qui ordonne la saisie et séquestre des biens des étrangers; et leur montant ainsi calculé, sera déposé en assignats.

III. Les commissaires de la trésorerie nationale constateront le cours des changes mentionné en l'article précédent; ils l'enverront sans délai aux directoires et receveurs de district.

IV. L'agence de l'enregistrement et des domaines prendra possession des meubles et immeubles appartenant aux habitans des pays avec lesquels la République est en guerre; elle les administrera comme les autres biens nationaux; et leur produit sera versé dans les caisses des receveurs de district.

V. Les receveurs de district enverront de suite, à la trésorerie nationale, les fonds qui leur seront versés, lesquels seront déposés dans la serre à trois clefs, destinée à recevoir les dépôts et consignations.

VI. Il sera tenu un compte particulier des versemens qui seront faits en exécution du présent décret, on se conformant à l'ordre prescrit pour les dépôts et consignations.

VII. Ceux qui n'auront pas satisfait aux dispositions du présent décret, dans le délai prescrit, seront condamnés à une amende égale au quart de la valeur non déposée.

VIII. Les agens nationaux veilleront à l'exécution du présent décret; ils poursuivront ceux qui seront en retard; les employés de l'agence de l'enregistrement étant chargés, sous peine de destitution, de les leur dénoncer.

IX. Le present décret sera imprimé dans le bulletin de demain.

DÉCRET portant que les sommes qui seront dues en monnaies étrangères aux habitans des pays qui sont en guerre avec la République, par des ouvriers, des manufacturiers ou des marchands pour des marchandises sujètes au maximum *, ne seront calculées qu'un tiers en sus du pair du change ordinaire, etc.*

Du 16 Thermidor, an II. (nᵒ. 52 et 53. *)

LA Convention nationale, après avoir entendu le rapport des comités des finances et de salut public, décrète :

Recueil sur les étrangers.   E

ART. I.er Les sommes qui seront dues en monnaies étrangères aux habitans des pays qui sont en guerre avec la République , par des ouvriers , des manufacturiers ou des marchands , pour des marchandises sujètes au *maximum*, ne seront calculées qu'un tiers en sus du pair du change ordinaire , qui sera déterminé par les commissaires de la trésorerie nationale, et approuvé par le comité des finances.

II. Les sommes qui seront dues aux habitans des villes d'*Hambourg*, *Lubeck*, *Dantzick*, *Breme* et *Ausbourg*, seront exemptes du dépôt ordonné.

III. Les manufacturiers , ouvriers ou marchands qui sont débiteurs des habitans des pays en guerre avec la République , et qui sont en même temps créanciers, seront admis à la compensation.

IV. Pour être admis en compensation , les ouvriers , manufacturiers ou marchands , seront tenus de prouver que leurs créances ont une cause postérieure au 1.er avril 1792, époque de la première déclaration de guerre , qu'elles proviennent d'un envoi de marchandises de leur fabrique ou de leur commerce habituel ; ils seront aussi tenus de remettre un compte en débit et crédit de leurs dettes et créances sur les habitans des pays en guerre avec la République , certifié véritable, avec une déclaration par laquelle ils affirmeront que leurs débiteurs n'ont suspendu ni arrêté leur paiement pour cause de faillite ou d'insolvabilité ; ils fourniront en outre leur certificat de résidence et de non-émigration.

V. Ceux qui feront une fausse déclaration ou qui fourniront un faux état, seront condamnés à une amende du triple de l'erreur qu'ils auront commise.

VI. Le délai fixé par la loi du 18 messidor pour faire les dépôts , est prorogé jusqu'au 15 fructidor prochain.

VII. Le présent décret sera inséré dans le bulletin de correspondance, ce qui qui servira de promulgation provisoire.

DECRET relatif à une pétition du citoyen Stone *, tendante à savoir si les personnes que la loi du 26 germinal astreint à quitter Paris, peuvent sortir des communes qu'elles habitent, pour aller résider dans une autre.*

Du 17 Thermidor , an II. (n°. 52 et 53. * 1)

LA Convention nationale , sur la pétition du citoyen *Stone* , étranger, qui demande à être autorisé à se retirer dans une autre commune que celle qu'il habite, et autres que celles dont le décret du 25 germinal dernier fait mention,

Passe à l'ordre du jour, motivé sur ce que la loi ne défend pas aux personnes qu'elle a astreintes de quitter Paris et les frontières, de sortir des communes qu'elles habitent, pour aller résider dans une autre.

DECRET relatif aux certificats de vie des personnes non françaises, habitant les pays qui sont en guerre avec la République.

Du 11 Fructidor, an II. (70 * 2)

LA Convention nationale après avoir entendu le rapport de son comité des finances, décrète :

ART. Ier Les certificats de vie des personnes non françaises habitant les pays qui sont en guerre avec la République, qui seront délivrés et signés par les agens de deux puissances neutres, seront admis par la trésorerie nationale.

II. Ces certificats devront être rédigés conformément au modèle N°. II, joint au décret du 23 floréal dernier.

DECRET qui exempte du dépôt ordonné par celle du 13 Messidor, les débiteurs des habitans de Nuremberg.

Du deuxième jour des Sans-culottibes. an II. (n°. 89 et 90. *)

LA Convention nationale, après avoir entendu le rapport de son comité des finances, décrète :

Les débiteurs des habitans de la ville de *Nuremberg* sont exempts du dépôt ordonné par la loi du 18 messidor.

---

*EXTRAIT du décret du 4.ème jour des Sans-Culottides, an 2.ème. [N°. 93. *]*

Sont exceptés des dispositions du décret du 3.e jour des sans-culottides, relatif aux citoyens venus à Paris depuis le 1.er messsidor . . . . . . les habitans des pays alliés ou neutres, venus à Paris en vertu de passeports délivrés ou visés par les agens de la République.

DECRET qui continue les secours accordés aux Belges et autres réfugiés auxquels la faculté de rentrer dans leur pays a été interdite.

Du 9 Vendémiaire, an III. (N°. 108. *)

LA Convention nationale, après avoir entendu le rapport de ses comités des secours et de salut public,

Décrète que les Belges et autres réfugiés qui, par des mesures politiques, sont empêchés de rentrer dans les pays évacués par les ennemis de la République, continueront de recevoir les secours accordés, jusqu'à ce qu'il en soit autrement ordonné; la Convention dérogeant à toute disposition contraire au présent décret.

Le présent décret sera inséré au bulletin de correspondance.

A PARIS,

DE L'IMPRIMERIE DU DÉPOT DES LOIS,

Place de la Réunion, ci-devant du grand Carrousel.

AN III°. DE LA RÉPUBLIQUE FRANÇAISE,

UNE ET INDIVISIBLE.

DÉCRET

DE LA

CONVENTION NATIONALE,

Du 31 Mars 1793, l'an fecond de la république Françoife,

Portant que la loi de fufpenfion des Paffeports, ne s'étend pas aux Agens ni Membres des ambaffades des Puif- fances étrangères, reconnus par le Pouvoir exécutif.

LA CONVENTION NATIONALE, fur la plainte faite par *Jacques-François Armand*, citoyen Suiffe & aumônier de l'ambaffadeur de Hollande, de la fufpenfion mife par le département de Paris, à la délivrance du paffeport qui lui a été donné par la municipalité de Paris, fur le certificat de fa fection, pour retourner dans fa patrie, & fur la propofition d'un membre, décrète que la loi portant fufpenfion des paffeports, ne s'étend pas aux agens ni membres des ambaffades des puiffances étrangères, reconnus par le Pouvoir exécutif.

> Collationné à l'original, par nous préfident & fecrétaires de la Convention nationale. A Paris, le 3 avril 1793, l'an fecond de la république Françoife. *Signé* BRÉARD, *préfident;* J. PH. GARRAN & J. B. BOYER-FONFRÈDE, *fecrétaires.*

AU NOM DE LA RÉPUBLIQUE, le Confeil exécutif provifoire mande & ordonne à tous les Corps adminiftratifs & Tribunaux, que la préfente loi ils faffent configner dans leurs regiftres , lire , publier & afficher , & exécuter dans leurs départemens & refforts refpectifs; en foi de quoi nous y avons appofé notre fignature & le fceau de la république. A Paris , le troifième jour du mois d'avril mil fept cent quatre-vingt-treize, l'an fecond de la république Françoife. *Signé* G A R A T. *Contrefigné* G O H I E R. Et fcellée du fceau de la république.

Certifié conforme à l'original.

A P A R I S,

DE L'IMPRIMERIE NATIONALE EXÉCUTIVE DU LOUVRE.

M. D C C. X C I I I.

DÉCRET

DE LA

CONVENTION NATIONALE,

Du 13 Avril 1793, l'an fecond de la république Françoife,

Qui déclare que le peuple François ne s'immifcera en aucune manière dans le gouvernement des autres Puiffances, mais qu'il ne fouffrira qu'aucune Puiffance s'immifce dans le régime intérieur de la République, & prononce la peine de mort contre quiconque propoferoit de négocier ou de traiter avec les Puiffances ennemies, qui n'auroient pas reconnu folemnellement l'indépendance & la fouveraineté de la république Françoife.

La CONVENTION NATIONALE déclare au nom du peuple François, qu'elle ne s'immifcera en aucune manière dans le gouvernement des autres puiffances; mais elle déclare en même temps qu'elle s'enfevelira plutôt fous fes propres ruines, que de fouffrir qu'aucune puiffance s'immifce dans le régime intérieur de la république, & influence la création de la conftitution qu'elle veut fe donner.

La Convention décrète la peine de mort contre quiconque propoferoit de négocier ou de traiter avec des puiffances ennemies, qui n'auroient pas préalablement

reconnu folemnellement l'indépendance de la nation Françoife, fa fouveraineté, l'indivifibilité & l'unité de la république fondée fur la liberté & l'égalité.

Vifé par l'infpecteur des procès-verbaux. Signé DELECLOY.

Collationné à l'original, par nous préfident & fecrétaires de la
Convention nationale. A Paris, les jour & an que deffus.
Signé VERGNIAUD, *ex-préfident;* G. ROMME & L. M. REVEL-
LIÈRE-LÉPEAUX, *fecrétaires.*

AU NOM DE LA RÉPUBLIQUE, le Confeil exécutif
provifoire mande & ordonne à tous les Corps adminiftratifs
& Tribunaux, que la préfente loi ils faffent configner dans
leurs regiftres, lire, publier & afficher, & exécuter dans leurs
départemens & refforts refpectifs; en foi de quoi nous y
avons appofé notre fignature & le fceau de la république.
A Paris, le treizième jour du mois d'avril mil fept cent
quatre-vingt-treize, l'an fecond de la république Françoife.
Signé GOHIER, préfident du Confeil exécutif provifoire.
Contrefigné GOHIER. Et fcellée du fceau de la république.

Certifié conforme à l'original.

A PARIS, DE L'IMPRIMERIE NATIONALE EXÉCUTIVE
DU LOUVRE. 1793.

DÉCRET

DE LA

CONVENTION NATIONALE,

Du 16 Avril 1793, l'an second de la République Françaife,

*Manifefte de la Convention Nationale de France,
à tous les Peuples & à tous les Gouvernemens.*

CE n'eft pas feulement aux peuples qui prononcent le
nom de liberté, ce n'eft pas feulement aux hommes dont le
fanatifme n'a point égaré la raifon, & dont l'ame n'eft point
abrutie par la fervitude, que la nation françaife dénonce
l'atroce violation du droit des gens, dont les généraux Autrichiens viennent de fe rendre coupables ; c'eft à tous les
peuples, c'eft à tous les hommes.

Un Français parjure, abufant contre la Convention nationale d'une autorité qu'il n'avoit pu recevoir que d'elle, a
fait arrêter quatre de fes membres. Ce n'eft point un citoyen
qui méconnoît dans un ennemi privé, dans un homme d'un
parti contraire, le caractère augufte de repréfentant du peuple ; c'eft un général qui exerce une violence contre ce
caractère même qu'il étoit obligé de défendre.

Trop fûr que la préfence des repréfentans du peuple français, rendroit bientôt l'armée toute entière à la république,
Dumouriez a porté fa lâche perfidie jufqu'à les livrer à l'ennemi ; il a ofé en faire le prix d'une honteufe protection ; il
les a vendu dans l'efpérance qu'on le laifferoit jouir en paix
de l'or acquis par fes forfaits ; & les généraux Autrichiens
n'ont pas rougi de fe rendre fes complices, de participer à
fon opprobre comme à fon crime.

Jamais, chez les peuples civilifés, le droit de la guerre

n'a autorifé à retenir comme prifonniers, & biens moins encore comme ôtages, ceux qu'une baffe trahifon a livré. Ce n'eft point fur le territoire Autrichien, c'eft fur une terre françaife qu'ils ont été arrêtés; ce n'eft pas la force ou la rufe militaire, c'eft le crime feul qui les a mis entre les mains de *Cobourg*. Se croire en droit de les retenir, c'eft vouloir légitimer la conduite de ceux qui les ont livré, c'eft dire que les généraux ont le droit de vendre aux ennemis de leur pays, fes miniftres, fes magiftrats, fes repréfentans.

Diront-ils qu'ils ne reconnoiffent pas la république ? Qu'ils nient donc l'exiftence de la nation françaife, qu'ils nient donc l'exiftence du territoire fur lequel vingt-cinq millions d'hommes ont proclamé la liberté républicaine. Ils ne la reconnoiffent pas, & ils ont reconnu *Dumouriez* ! La trève convenue avec lui n'a-t-elle pas été préfentée à l'armée comme accordée aux troupes de la république ? L'armée l'auroit-elle accepté, fi elle n'avoit été trompée, fi elle avoit pu la regarder comme le prix d'une trahifon qu'elle détefte ? Et quand ils rompent cette trève au mement où les trames de *Dumouriez* font découvertes, n'eft-ce pas avouer qu'ils ont voulu tromper & l'armée & la France ? n'eft-ce pas annoncer qu'ils ne veulent traiter qu'avec des confpirateurs & des traîtres ?

Hommes libres de tous les pays, élevez-vous contre la conduite lâche & perfide des généraux de l'Autriche, ou bientôt vous n'aurez plus d'autres loix que celles des fauvages.

Que deviendront vos droits, s'il fuffit, pour vous en arracher les plus zélés défenfeurs, d'un traître qui veuille les vendre, & d'un defpote qui ofe les acheter ?

Rois, fongez qu'un confpirateur peut auffi vous livrer à des ennemis, & que l'exemple donné par *Cobourg* peut un jour tomber fur vos têtes. Plus le pouvoir que les peuples vous abandonnent eft grand, illimité, plus votre fûreté exige que les liens qui uniffent les hommes ou les peuples foient religieufement refpectés. Et vos agens, vos hérauts d'armes, ne les mettez-vous pas en fûreté jufques dans les camps de vos ennemis, par la feule impreffion du caractère dont ils font revêtus ? Vos négociations, vos guerres (ces guerres que du fond de vos palais , vous ne dirigez trop souvent que pour le seul orgueil de la victoire), ne les faites-vous pas à la faveur du droit des gens? prenez garde : l'attentat commis sur les représentans d'une grande nation , outrage la première des loix , efface la tradition du respect que les peuples civilisés étoient convenus de lui porter , & ne laisse plus appercevoir que ce droit terrible , réservé jusques alors aux hordes barbares , le droit de pour-suivre ses ennemis comme on poursuit les bêtes féroces.

Le voile qui cachoit si foiblement les intentions des ennemis de la France est déchiré.

Brunswick nous déclaroit en leur nom , qu'il venoit détruire une constitution où le pouvoir royal étoit avili. Aujourd'hui ils viennent rétablir cette constitution, parce que du moins le nom du roi y étoit conservé.

Peuples, entendez-vous ce langage ? Ce n'est pas pour vos intérêts que coule votre sang & le nôtre , c'est pour l'orgueil & la tyrannie des rois; c'est à l'indépendance des nations & non à la France , qu'ils ont déclaré la guerre.

Peuples qui vous croyez républicans, ils ne veulent pas souffrir qu'une grande nation n'ait pas un roi : ils savent que l'existence de la république françaiſe seroit un obstacle éter-nel au projet qu'ils ont formé de vous donner auſſi des maîtres.

Peuples qui vivez sous des rois , ils ne veulent pas qu'une nation puiſſante donne à l'Europe l'exemple d'une consti-tution libre, fondée sur les droits sacrés de l'homme ; ils craignent que le spectacle de cette liberté ne vous apprenne à connoître, à chérir vos droits. Il seroit perdu pour eux l'espoir coupable de vous retenir dans ce sommeil , dont ils profitent pour saper les fondemens de la liberté qui vous reste, pour forger ces chaînes auxquelles , dans le délire de leur orgueil , ils ont osé condamner l'espèce humaine.

Peuples de tous les gouvernemens, c'est sous la sauve-garde de votre générosité, de vos droits les plus sacrés , que la nation françaiſe met ses représentans que la trahiſon a livrés à la tyrannie. Vous êtes plus intéreſſés que nous à ce qu'ils foient bientôt libres. Vous partageriez la honte d'un crime que vous auriez fouffert, & votre foibleffe donneroit aux tyrans la mefure de ce qu'ils peuvent contre vous.

La CONVENTION NATIONALE décrète l'impreffion de fon manifefte, la traduction dans toutes les langues, & charge le Confeil exécutif provifoire de faire parvenir fans délai à tous tous les gouvernemens.

Ce décret a eté adopté à l'unanimité.

Vérifié par nous Infpecteur du bureau des procès-verbaux.

Signé JOSEPH BECKER.

Collationné à l'original par nous Préfident & Secrétaires de la Convention nationale. À Paris, le 21 avril 1793, l'an second de la République françaife. *Signé* LASOURCE, *Préfident ;* G. DOULCET & LE HARDY, *Secrétaires.*

AU NOM DE LA RÉPUBLIQUE, le Confeil exécutif provifoire mande et ordonne à tous les Corps administratifs et Tribunaux, que la présente Loi ils fassent consigner dans leurs registres, lire, publier, afficher et exécuter dans leurs Départemens et Ressorts respectifs. En foi de quoi nous y avons apposé notre signature et le sceau de la République. A Paris, le vingt-unième jour du mois d'Avril mil sept cent quatre-vingt-treize, l'an second de la République Française. *Signé* D'ALBARADE. *Contresigne* GOHIER. Et scellée du sceau de la République. Certifié conforme à l'original. *Signé* GOHIER.

De l'Imprimerie de BALLARD, Imprimeur du Département de Paris, rue des Mathurins.

DÉCRET

DE LA
CONVENTION NATIONALE,

Du 3 Mai 1793, l'an fecond de la république Françoife,

Relatif aux indemnités à accorder aux Alliés de la République.

LA CONVENTION NATIONALE, après avoir entendu le rapport du comité de falut public, décrète qu'il fera pris fur l'extraordinaire de la guerre, les fonds néceffaires pour indemnifer les alliés de la république, des armemens & dépenfes qu'ils feront pour feconder le développement de fes forces contre fes ennemis.

Le miniftre de la guerre, avant d'ordonnancer ces dépenfes, fera tenu d'en préfenter l'aperçu au comité des finances, qui fe concertera à cet effet avec le comité de falut public.

Vifé par l'infpecteur des procès-verbaux. Signé JOSEPH BECKER.

Collationné à l'original, par nous préfident & fecrétaires de la Convention nationale. A Paris, le 5 mai 1793, l'an fecond de la république Françoife. *Signé* J. B. BOYER-FONFRÈDE, *préfident*; CHAMBON & J. A. PÉNIÈRES, *fecrétaires*.

AU NOM DE LA RÉPUBLIQUE, le Confeil exécutif provifoire mande & ordonne à tous les Corps adminiftratifs

2

& Tribunaux, que la préfente loi ils faffent configner dans leurs regiftres, lire, publier & afficher, & exécuter dans leurs départemens & refforts refpectifs; en foi de quoi nous y avons appofé notre fignature & le fceau de la république. A Paris, le cinquième jour du mois de mai mil fept cent quatre-vingt-treize, l'an fecond de la république Françoife. *Signé* LEBRUN. *Contrefigné* GOHIER. Et fcellée du fceau de la république.

Certifié conforme à l'original.

1

1

1

A PARIS,

DE L'IMPRIMERIE NATIONALE EXÉCUTIVE DU LOUVRE.

M. DCC. XCIII.

DÉCRET

DE LA

CONVENTION NATIONALE,

Du 15 Septembre 1793, l'an fecond de la république Françoife, une & indivifible,

Relatif à la conduite à tenir par les Généraux des Armées à l'égard des pays & des individus fubjugués par les armes.

LA CONVENTION NATIONALE, après avoir entendu le comité de falut public, décrète que les généraux commandant les armées de terre & de mer de la république, renonçant déformais à toute idée philantropique adoptée par le peuple François, dans la vue de faire fentir aux nations étrangères le prix & les avantages de la liberté, fe conduiront envers les ennemis de la France de la même manière que les puiffances coalifées fe conduifent à fon égard, & exerceront à l'égard des pays & des individus fubjugués par leurs armes, les droits ordinaires de la guerre.

Vifé par l'infpecteur. Signé *BLAUX.*

Collationné à l'original, par nous préfident & fecrétaires de la Convention nationale. A Paris, le 22 feptembre 1793, l'an fecond de la république, une & indivifible. *Signé* CAMBON, fils aîné, *préfident;* PONS (de Verdun) & LOUIS (du Bas-Rhin), *fecrétaires.*

AU NOM DE LA RÉPUBLIQUE, le Confeil

exécutif provifoire mande & ordonne à tous les
Corps adminiftratifs & Tribunaux, que la préfente
loi ils faffent configner dans leurs regiftres , lire,
publier & afficher, & exécuter dans leurs départemens
& refforts refpectifs; en foi de quoi nous y avons appofé
notre fignature & le fceau de la république. A Paris, le
vingt-deuxième jour du mois de feptembre mil fept
cent quatre vingt-treize, l'an fecond de la republique
Françoife, une & indivifible. *Signé* DALBARADE.
Contrefigné GOHIER. Et fceilée du fceau de la
république.

Certifié conforme à l'original.

A PARIS,

DE L'IMPRIMERIE NATIONALE EXECUTIVE DU LOUVRE.

M. DCC. XCIII, l'an 2.ᵉ de la République.

DÉCRET

DE LA

CONVENTION NATIONALE,

Du 27.ᵉ jour de Brumaire, an second de la République Française, une et indivisible,

Concernant les Relations de la République Française avec les autres Sociétés politiques.

LA CONVENTION NATIONALE, voulant manifester aux yeux de tous les peuples les principes qui la dirigent, et qui doivent présider aux relations de toutes les sociétés politiques ; voulant en même-temps déconcerter les manœuvres employées par les ennemis de la République pour rendre ses intentions suspectes à ses alliés, et particulièrement aux Cantons Suisses et aux États-unis d'Amérique, décrète ce qui suit :

ART. I.ᵉʳ La Convention nationale déclare au nom du peuple Français, que sa résolution constante est d'être terrible envers ses ennemis, généreuse envers ses alliés, juste envers tous les peuples.

II. Les traités qui lient la France aux États-unis d'Amérique et aux Cantons, seront fidèlement exécutés.

III. Quant aux modifications qui auroient pû être nécessitées par la révolution qui a changé le gouvernement Français, ou par les mesures générales et extraordinaires que la République est obligée de prendre pour la défense de son indépendance et de sa liberté, la Convention nationale se repose sur la loyauté réciproque et sur l'intérêt commun de la nation Française et de ses alliés.

IV. Elle enjoint aux citoyens et à tous les agens civils et militaires de la République, de respecter et faire respecter le territoire des nations alliées ou neutres.

Elle leur défend particulièrement de violer celui des Cantons Suisses, ou des pays qui lui sont unis par des traités d'alliance ou de co-bourgeoisie.

V. Le comité de salut public est chargé de s'occuper des moyens de resserrer de plus en plus les liens de l'alliance et de l'amitié qui unissent la République française aux Cantons Suisses et aux Etats-unis d'Amérique.

VI. Dans toutes les discussions sur les objets particuliers de réclamations respectives, il prouvera aux Cantons et aux Etats-unis, par tous les moyens compatibles avec les circonstances impérieuses où se trouve la République, les sentimens d'équité, de bienveillance et d'estime dont la nation Française est animée envers eux.

VII. Le présent décret et le rapport du comité de salut public seront imprimés, traduits dans toutes les langues, répandus dans toutes les parties de la République et dans les pays étrangers, pour attester à l'univers les principes de la nation Française et les attentats de ses ennemis contre la sûreté générale de tous les peuples.

Visé par les inspecteurs. Signé AUGER et S. E. MONNEL.

Collationné à l'original, par nous président et secrétaires de la Convention nationale. A Paris le 9 Nivose, l'an second de la République une et indivisible. *Signé* COUTHON, *président*; PERRIN, PELLISIER et A. C. THIBAUDEAU, *secrétaires.*

A PARIS, de l'Imprimerie du Dépôt des Lois.

DÉCRET

DE LA

CONVENTION NATIONALE,

Du 2.ᵉ jour de Nivôse, an second de la République Française,
une & indivisible,

*Qui ordonne l'exécution des Traités existant entre
la France & la République de Gênes.*

LA CONVENTION NATIONALE, considérant que le
peuple Génois se reposant avec trop de sécurité & de
confiance sur la neutralité qu'il avoit observée, n'ayant alors
aucuns moyens de faire respecter la neutralité de son port
& de résister à une agression imprévue, n'a eu aucune
part au massacre de trois cents Français fusillés à bord
de la frégate *la Modeste*, & à la prise de la frégate dans
le port de Gênes ;

Que la République ne doit demander compte du sang
Français qu'à ceux qui l'ont versé par la plus lâche trahison ;

Qu'elle ne doit pas confondre avec ses ennemis une
nation qui n'a pu empêcher ni prévenir le crime qui n'a
été commis dans son port que pour l'en faire juger
complice ;

Que la France doit donner, au milieu des agitations

& des reffentimens qu'excite l'atrocité des forfaits de fes ennemis, l'exemple d'une grande nation qui fait & veut être jufte envers tous les peuples ;

Déclare qu'elle regarde le gouvernement Anglais comme feul coupable du maffacre de l'équipage de la frégate *la Modefte*, commis dans le port de Gênes ; qu'elle dirigera toutes fes forces contre ce gouvernement féroce, pour venger la France & toutes les nations libres ;

Que le peuple Génois n'a point violé fa neutralité envers la France ; qu'il ne fera point traité comme ennemi de la République ;

Décrète :

ARTICLE PREMIER.

Les traités qui lient la France & la République de Gênes, feront fidèlement exécutés.

I I.

Le décret qui défend aux commiffaires de la tréforerie nationale & à tous débiteurs Français de faire, pour quelque caufe que ce foit, aucuns payemens aux peuples avec lefquels la République eft en guerre, ne fera pas applicable aux Génois.

I I I.

Les relations commerciales qui ont exifté entre la République & les Génois, font maintenues & protégées.

I V.

Les Génois feront payés comme les habitans des pays & États avec lefquels la France n'eft point en guerre.

V.

Pour mettre les Génois à portée de fatisfaire à ce qui a été preferit aux créanciers de la République pour la confervation de leurs rentes & de leurs créances & pour fe faire inferire fur le grand livre, le délai qui doit expirer le premier janvier (vieux ftyle), terme de la loi du 24 août, eft prorogé jufqu'au quinze ventôfe prochain.

Vifé par l'infpecteur. Signé *S. E. MONNEL.*

Collationné à l'original, par nous préfident & fecrétaires de la Convention nationale. A Paris, le 7 nivôfe, an fecond de la République une & indivifible. *Signé* COUTHON, *préfident;* PELLISSIER & PERRIN, *fecrétaires.*

AU NOM DE LA RÉPUBLIQUE, le Confeil exécutif provifoire mande & ordonne à tous les Corps adminiftratifs & Tribunaux, que la préfente loi ils faffent configner dans leurs regiftres, lire, publier & afficher, & exécuter dans leurs départemens & refforts refpectifs; en foi de quoi nous y avons appofé notre fignature & le fceau de la République. A Paris, le feptième jour de nivôfe, an fecond de la République Françaife, une & indivifible. *Signé* P A R É. *Contrefigné* GOHIER. Et fcellée du fceau de la République.

Certifié conforme à l'original.

A PARIS, DE L'IMPRIMERIE NATIONALE EXÉCUTIVE DU LOUVRE, An II.e de la République.

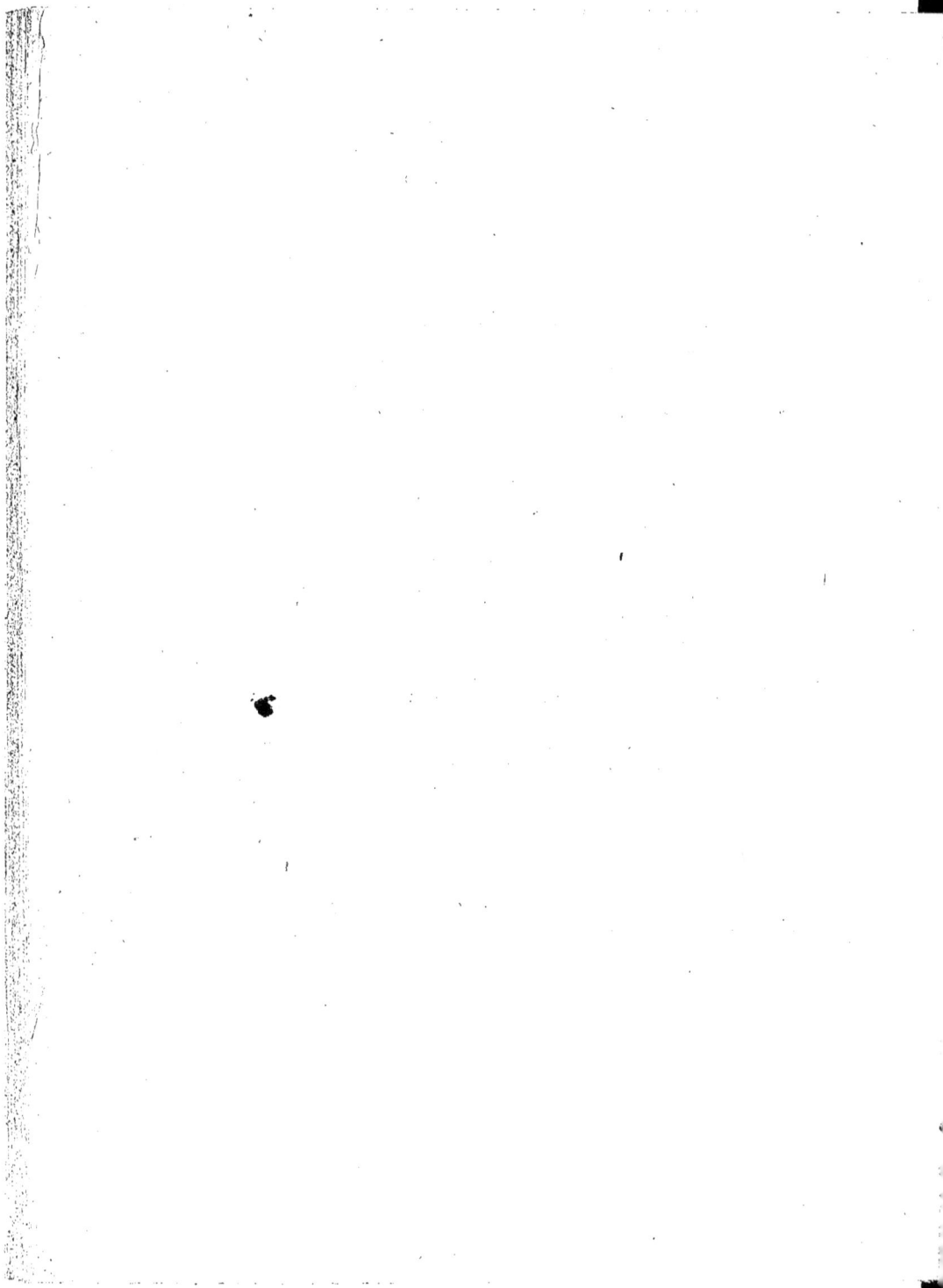

DÉCRET

DE LA
CONVENTION NATIONALE,

Du 5ᵉ. jour de Nivôse, an second de la République Française, une & indivisible,

Qui exclut les individus nés en pays étranger du droit de représenter le Peuple.

LA CONVENTION NATIONALE, par mesure révolutionnaire & de salut public, décrète :

ARTICLE PREMIER.

Tous individus nés en pays étranger sont exclus du droit de représenter le peuple Français.

I I.

Les citoyens nés en pays étranger, qui sont actuellement membres de la Convention nationale, ne pourront, à compter de ce jour, participer à aucune de ses délibérations ; leurs suppléans seront appellés sans délai par le comité des décrets.

I I I.

La Convention renvoie à son comité de salut public la proposition d'exclure les individus nés en pays étran-

ger de toutes autres fonctions publiques , & le charge
de faire un prompt rapport fur cet objet.

Vifé par les Inspecteurs. Signé S. E. MONNEL & AUGER.

Collationné à l'original par nous président et secrétaires de la
Convention nationale. À Paris , le 6 Nivôfe , l'an second
de la République une et indivisible. *Signé* COUTHON,
président ; A. C. THIBAUDEAU & PERRIN, *fecrétaires.*

AU NOM DE LA RÉPUBLIQUE, le Conseil exécutif
provifoire mande & ordonne à tous les Corps adminiftratifs & Tribunaux , que la préfente loi ils
faffent configner dans leurs regiftres , lire, publier
& afficher, & exécuter dans leurs Départemens &
refforts refpectifs ; en foi de quoi nous y avons appofé
notre fignature & le fceau de la République.
A Paris , le fixième jour de Nivôfe , an second
de la République Française, une et indivisible.
Signé PARE. *Contrefigné* GOHIER. Et fcellée
du fceau de la République. Certifié conforme à
l'original. *Signé* GOHIER.

De l'Imprimerie de BALLARD, Imprimeur du Département
de Paris , rue des Mathurins.

DÉCRET

DE LA

CONVENTION NATIONALE,

Du 16.ᵉ jour de Nivôse, an second de la République Française, une indivisible.

Contenant une exception au Décret relatif aux Représentans du Peuple nés en Pays étranger.

LA CONVENTION NATIONALE déclare qu'elle n'a point entendu comprendre dans son décret relatif aux représentans du peuple nés en pays étranger, les fils de Français nés pendant le temps de mission donnée à leurs pères par le gouvernement, ni les fils de protestans obligés de quitter la France pour cause de religion, & depuis rentrés sous la tolérance ou la protection expresse de la loi.

Visé par l'inspecteur. Signé *S. E. MONNEL.*

Collationné à l'original, par nous président & secrétaires de la Convention nationale. A Paris, le 24 Nivôse, an second de la République une & indivisible. *Signé* DAVID, *président;* PELLISSIER & JAY, *secrétaires.*

AU NOM DE LA RÉPUBLIQUE, le Conseil

exécutif provifoire mande & ordonne à tous les
Corps adminiftratifs & Tribunaux, que la préfente
loi ils faffent configner dans leurs regiftres, lire,
publier & afficher, & exécuter dans leurs départemens
& refforts refpectifs; en foi de quoi nous y avons
appofé notre fignature & le fceau de la République.
A Paris, le vingt-quatrième jour de Nivôfe, an fecond
de la République Françaife, une & indivifible.
Signé BOUCHOTTE. *Contrefigné* GOHIER. Et fcellée
du fceau de la République.

Certifié conforme à l'original.

A PARIS,

DE L'IMPRIMERIE NATIONALE EXÉCUTIVE DU LOUVRE.

An 11.ᵉ de la Republique.

DÉCRET

DE LA
CONVENTION NATIONALE,

Du 13.ᵉ jour de Ventôse, an second de la République Française,
une & indivisible,

Relatif aux Envoyés des Gouvernemens Étrangers.

LA CONVENTION NATIONALE interdit à toute autorité
constituée d'attenter en aucune manière à la personne des
envoyés des gouvernemens étrangers ; les réclamations qui
pourroient s'élever contre eux, seront portées au comité
de salut public, qui seul est compétent pour y faire droit.

Visé par l'inspecteur. Signé *S. E.* MONNEL.

Collationné à l'original, par nous président & secrétaires de la
Convention nationale. A Paris, le 13 Ventôse, an second de la
République une & indivisible. *Signé* VOULLAND, *ex-président;*
MATHIEU & BELLEGARDE, *secrétaires.*

AU NOM DE LA RÉPUBLIQUE, le Conseil exécutif
provisoire mande & ordonne à tous les Corps administratifs
& Tribunaux, que la présente loi ils fassent consigner dans
leurs registres, lire, publier & afficher, & exécuter dans leurs

départemens & refforts refpectifs ; en foi de quoi nous y avons appofé notre fignature & le fceau de la République. A Paris, le treizième jour de Ventôfe, an fecond de la République Françaife, une & indivifible. *Signé* GOHIER, préfident du Confeil exécutif provifoire. *Contrefigné* GOHIER. Et fcellée du fceau de la République.

Certifié conforme à l'original.

A PARIS,

DE L'IMPRIMERIE NATIONALE EXÉCUTIVE DU LOUVRE

An II.ᵉ de la République.

L O I

Qui confirme et ratifie le traité de paix passé le 21 Pluviose entre le comité de salut public et le ministre plénipotentiaire du grand-duc de Toscane.

Du 25 Pluviôse, l'an troisième de la République française, une et indivisible.

LA CONVENTION NATIONALE, après avoir entendu le rapport de son comité de salut public, confirme et ratifie le traité de paix passé le 21 pluviose présent mois, entre le comité de salut public et le ministre plénipotentiaire du grand-duc de *Toscane.*

Entre les représentans du peuple français composant le comité de salut public, chargé par le décret de la Convention nationale du 7 fructidor dernier, de la direction des relations extérieures, soussignés,

Et M. *François* comte *Carletti*, envoyé extraordinaire du grand-duc de *Toscane*, chargé de ses pleins-pouvoirs, donnés à Florence les 4 novembre et 13 décembre 1794, qui demeureront annexés à la minute des présentes, également soussigné,

A été convenu et arrêté ce qui suit :

ARTICLE PREMIER.

Le grand-duc de *Toscane* révoque tout acte d'adhésion, consentement ou accession à la coalition armée contre la République française,

I I.

En conséquence, il y aura paix, amitié et bonne intelligence entre la République française et le grand-duc de *Toscane*.

I I I.

La neutralité de la *Toscane* est rétablie sur le pied où elle était avant le 8 octobre 1793.

I V.

Le présent traité n'aura son effet qu'après avoir été ratifié par la Convention nationale.

Fait à Paris, au palais national, le vingt-un pluviose de l'an troisième de la République française, une et indivisible [neuf février mil sept cent quatre-vingt-quinze, ère vulgaire].

Signé CAMBACÉRÈS, PELET, J. P. CHAZAL, CARNOT, FOURCROY, MERLIN [de Douay], BOISSY, MAREC, DUBOIS-CRANCÉ, LACOMBE [du Tarn], BRÉARD, A. DUMONT; FRANÇOIS CARLETTI, envoyé extraordinaire de S. A. S. R. l'archiduc grand-duc de *Toscane*, près la République française.

MOTU PROPRIO del gran-duca di Toscana, *che destina* Francesco-Saverio Carletti *a portarsi in Parigi per trattare colla Repubblica francese gli affari della Toscana.*

SUA altezza reale il serenissimo arciduca gran-duca di *Toscana*, conoscendo di quanto gran giovamento possa essere per il felice esito della trattativa che da così lungo tempo ha intrapresa colla Repubblica francese, l'inviare à Parigi una persona la quale goda della reciproca fiducia de' due governi, e sia fornita del carattere, de' sentimenti, e de' talenti, che sono necessarj per ben riuscirvi, destina il suo ciamberlano, e cavaliere dell' insigne ordine di Santo-Stefano, *Francesco-*

Saverio Carletti a portarsi à Parigi tosto che avrà ricevuto l'opportuno passaporto per entrare in Francia, et lo incarica di agire colà presso il comitato di salute pubblica per confermare in voce, ed in iscritto, tutto ciò che si contiene nelle memorie firmate dal suo segretario del consiglio di stato e di finanze Neri Corsini, specialmente a ciò autorizzato, e da lui communicate al comitato suddetto per mezzo di Cacault, agente della Repubblica francese in Italia, per fare accettare alla medesima la dichiarazione della neutralità che la *Toscana* è pronta a pubblicare in faccia a tutta l'Europa, per stipulare la restituzione o in contento, o in natura, de' grani tolti dagl' Inglesi in Livorno, e per rinnovare le più solenni assicurazioni della constante amicizia che il governo di *Toscana* ha sempre professata, e che professerà per la Repubblica francese. Dato in Firenze, il 4 novembre 1794.

Firmato, FERDINANDO;

NERI CORSINI, *segretario.*

Motu PROPRIO *del gran-duca di* Toscana, *che dichiara Francesco-Saverio Carletti suo inviato straordinario a Parigi, accrescendogli le facoltà per gli affari che deve trattare.*

SUA altezza reale il serenissimo arciduca gran-duca di *Toscana* nulla avendo più a cuore che di vedere sollecitamente ristabilita nelle consuete forme diplomatiche la sua corrispondenza colla Repubblica francese, in aumento e dichiarazione del *motu proprio* del di 4 novembre prossimo passato, nomina il suo ciamberlano, e cavaliere dell' insigne ordine di Santo-Stefano, conte *Francesco-Saverio Carletti* in suo inviato straordinario presso il governo della predetta Repubblica, e lo autorizza, qualora gli sia permesso, a risiedere in Parigi con questo carattere, finché occorrerà per la commissione di cui è stato incaricato col citato *motu proprio*, dandogli a tal' effetto le più ampie facoltà di trattare di qualunque affare relativo alla *Toscana*, ed in specie della ventilazione, e consegna nel porto detto della Montagna de' grani tolti dagl' Inglesi in Livorno, e della riassunzione della neutralità da rinnovarsi, e stabilirsi in perpetuo fra i due governi nella guisa che, senza ledere i diritti di nessuna fra le potenze belligeranti, sarà riputata più satisfacente per la Repubblica francese.

Dato in Firenze, il 13 décembre 1794.

Firmato. FERDINANDO;

NERI CORSINI.

Visé par le représentant du peuple, inspecteur aux procès-verbaux. Signé VIQUY, S. E. MONNEL.

Collationné à l'original, par nous président et secrétaires de la Convention nationale. A Paris le 26 Pluviose, an troisième de la République française, une et indivisible. *Signé* P. BARRAS, *président ;* BOURET, MERCIER, TALOT, LAURENCE, BION, C. ALEX. YSABEAU, *secrétaires.*

A PARIS,

DE L'IMPRIMERIE DU DÉPOT DES LOIS.

AN III.e DE LA RÉPUBLIQUE FRANÇAISE, UNE ET INDIVISIBLE.

L O I

B. n°. 130.
D. n°. 705.

Sur la direction des opérations diplomatiques.

Du 27 Ventose, l'an troisième de la République française, une et indivisible.

LA CONVENTION NATIONALE, après avoir entendu le rapport du comité de salut public, décrète :

ARTICLE PREMIER.

Le comité de salut public, chargé par la loi du 7 fructidor de la direction des relations extérieures, négocie, au nom de la République, les traités de paix, de trève, d'alliance, de neutralité et de commerce, Il en arrête les conditions.

I I.

Il prend toutes les mesures nécessaires pour faciliter et pour accélérer la conclusion de ces traités.

I I I.

Il est autorisé à faire des stipulations préliminaires et particulières, telles que des armistices, des neutralisations y relatives pendant le ⹂ps de la négociation, et des conventions secrètes.

I V.

Les engagemens secrets contractés avec des gouvernemens étrangers, ne peuvent avoir pour objet que d'assurer la défense de la République, ou d'accroître ses moyens de prospérité.

V.

Dans le cas où les traités renferment des articles secrets, les dispositions de ces articles ne peuvent, ni être contraires aux articles patens, ni les atténuer.

V I.

Les traités sont signés, soit par les membres du comité lorsqu'ils ont traité directement avec les envoyés des puissances étrangères, soit par les ministres plénipotentiaires auxquels le comité a délégué à cet effet des pouvoirs.

V I I.

Les traités ne sont valables qu'après avoir été examinés, ratifiés et confirmés par la Convention nationale, sur le rapport du comité de salut public.

Néanmoins, les conditions arrêtées dans les engagemens secrets reçoivent leur exécution, comme si elles avaient été ratifiées.

V I I I.

Aussitôt que les circonstances permettent de rendre publiques les opérations politiques qui ont donné lieu à des conventions secrètes, le comité rend compte à la Convention nationale de l'objet de la négociation et des mesures qu'il a prises.

Visé. Signé S. E. MONNEL.

Collationné. *Signé* A. C. THIBAUDEAU, *président ;* LAIGNELOT, BODIN, *secrétaires.*

A PARIS, de l'Imprimerie du dépôt des Lois.

L O I

Qui ratifie le traité de paix passé le 16 germinal entre l'ambassa-deur de la République française et le ministre plénipotentiaire du roi de Prusse.

Du 25 Germinal an troisième de la République française.

LA CONVENTION NATIONALE, après avoir entendu le rapport de son comité de salut public, confirme et ratifie le traité de paix passé le 16 germinal présent mois, entre le citoyen *François Barthélemy*, ambassadeur de la République française près les cantons helvétiques, fondé de pouvoirs du comité de salut public; et *Charles-Auguste*, baron de Hardenberg, ministre plénipotentiaire du roi de Prusse.

TRAITÉ de paix entre la République française et le roi de Prusse.

La République française et sa majesté le roi de Prusse, également animés du désir de mettre fin à la guerre qui les divise, par une paix solide entre les deux nations, ont nommé pour leurs plénipotentiaires, savoir :

La République française,

Le citoyen *François Barthélemy*, son ambassadeur en Suisse;

Et le roi de Prusse,

Son ministre d'état, de guerre et du cabinet, *Charles Auguste*, baron de Hardenberg, chevalier de l'ordre de l'Aigle-Rouge, de l'Aigle-Blanc et de Saint-Stanislas;

Lesquels, après avoir échangé leurs pleins-pouvoirs, ont arrêté les articles suivans :

ARTICLE PREMIER.

Il y aura paix, amitié et bonne intelligence entre la République française et le roi de Prusse, tant considéré comme tel qu'en qualité d'électeur de Brandebourg et de co-état de l'Empire germanique.

A

I I.

En conséquence, toutes hostilités entre les deux puissances contractantes cesseront, à compter de la ratification du présent traité; et aucune d'elles ne pourra, à compter de la même époque, fournir contre l'autre, en quelque qualité et à quelque titre que ce soit, aucun secours ni contingent, soit en hommes, en chevaux, vivres, argent, munitions de guerre, ou autrement.

I I I.

L'une des puissances contractantes ne pourra accorder passage sur son territoire à des troupes ennemies de l'autre.

I V.

Les troupes de la République française évacueront, dans les quinze jours qui suivront la ratification du présent traité, les parties des états prussiens qu'elles pourraient occuper sur la rive droite du Rhin.

Les contributions, livraisons, fournitures et prestations de guerre cesseront entièrement, à compter de quinze jours après la signature de ce traité.

Tous les arrérages dus à cette époque, de même que les billets et promesses donnés ou faits à cet égard, seront de nul effet. Ce qui aura été pris ou perçu après l'époque susdite, sera d'abord rendu gratuitement, ou payé en argent comptant.

V.

Les troupes de la République française continueront d'occuper la partie des Etats du roi de Prusse, située sur la rive gauche du Rhin. Tout arrangement définitif à l'égard de ces provinces sera renvoyé jusqu'à la pacification générale entre la France et l'Empire germanique.

V I.

En attendant qu'il ait été fait un traité de commerce entre les deux puissances contractantes, toutes les communications et relations commerciales sont rétablies entre la France et les Etats prussiens sur le pied où elles étaient avant la guerre actuelle.

V I I.

Les dispositions de l'article VI ne pouvant avoir leur plein effet qu'autant que la liberté du commerce sera rétablie pour tout le nord de l'Allemagne, les deux puissances contractantes prendront des mesures pour en éloigner le théâtre de la guerre.

V I I I.

Il sera accordé respectivement aux individus des deux nations la main-levée des effets, revenus ou biens, de quelque genre qu'ils soient, détenus, saisis ou confisqués à cause de la guerre qui a eu lieu entre la France et la Prusse, de même qu'une prompte justice à l'égard des créances quelconques que ces individus pourraient avoir dans les Etats des deux puissances contractantes.

I X.

Tous les prisonniers faits respectivement depuis le commencement de la guerre, sans égard à la différence du nombre et du grade, y compris les marins et matelots prussiens, pris sur des vaisseaux, soit prussiens, soit d'autres nations, ainsi qu'en général tous ceux détenus de part et d'autre pour cause de la guerre, seront rendus, dans l'espace de deux mois au plus tard, après l'échange des ratifications du présent traité, sans répétition quelconque, en payant toutefois les dettes particulières qu'ils pourraient avoir contractées pendant leur captivité. L'on en usera de même à l'égard des malades et blessés, d'abord après leur guérison.

Il sera incessamment nommé des commissaires de part et d'autre pour procéder à l'exécution du présent article.

X.

Les prisonniers des corps saxons, mayençais, palatins et hessois, tant de Hesse-Cassel que de Darmstadt, qui ont servi avec l'armée du roi de Prusse, seront également compris dans l'échange sus-mentionné.

X I.

La République française accueillera les bons offices de sa majesté le roi de Prusse en faveur des princes et états de l'Empire germanique qui désireront entrer directement en négociation avec elle, et qui, pour cet effet, ont déjà réclamé ou réclameront encore l'intervention du roi.

La République française, pour donner au roi de Prusse une première preuve de son désir de concourir au rétablissement des anciens liens d'amitié qui ont subsisté entre les deux nations, consent à ne pas traiter comme pays ennemis, pendant l'espace de trois mois après la ratification du présent traité, ceux des princes et états dudit Empire qui sont situés sur la rive droite du Rhin, en faveur desquels le roi s'intéressera.

X I I.

Le présent traité n'aura son effet qu'après avoir été ratifié par les parties contractantes; et les ratifications seront échangées en cette ville de Bâle, dans le terme d'un mois, ou plutôt, s'il est possible, à compter de ce jour.

En foi de quoi, nous soussignés, ministres plénipotentiaires de la République française et de sa majesté le roi de Prusse, en vertu de nos pleins pouvoirs, avons signé le présent traité de paix et d'amitié, et y avons fait apposer nos sceaux respectifs.

Fait à Bâle, le seiziéme du mois de germinal de l'an troisième de la République française, (5 avril 1795.)

Signé, FRANÇOIS BARTHÉLEMY, *et* CHARLES AUGUSTE, baron de Hardenberg.

Visé. Signé *S. E. MONNEL*.

Collationné. *Signé* BOISSY, *président;* BAILLEUL, C. A. A. BLAD, F. LANTHENAS, BALMAIN, J. J. SERRES, J. M. REVELLIÈRE-LÉPEAUX, *secrétaires.*

A PARIS,

DE L'IMPRIMERIE DU DÉPOT DES LOIS.

AN IIIe. DE LA REPUBLIQUE FRANÇAISE,

UNE ET INDIVISIBLE.

L O I

B. n°. 139.

D. n°. 782.

Qui fixe le mode de réception des ambassadeurs ou envoyés des puissances étrangères dans le sein de la représentation nationale.

Du 4 Floréal, au troisième de la République française, une et indivisible.

LA CONVENTION NATIONALE, après avoir entendu son comité de salut public, décrète :

ARTICLE PREMIER.

A la réception des envoyés des puissances étrangères dans le sein de la représentation nationale, ceux qui seront revêtus du caractère d'ambassadeurs, seront assis dans un fauteuil vis-à-vis du président.

Ils parleront assis.

II. Il sera placé pour leur cortège des banquettes à droite et à gauche.

III. La disposition de l'article précédent est commune à tous les envoyés des puissances étrangères revêtus du caractère de ministres plénipotentiaires.

IV. Le président, dans sa réponse à l'ambassadeur ou autre envoyé, lui donnera les mêmes titres qui lui seront attribués par ses lettres de créance.

Visé. Signé S. E. MONNEL.

Collationné. *Signé* BOISSY, *ex-président;* BERNARD (de Saint-Afrique), HIMBERT, *secrétaires.*

A PARIS, de l'Imprimerie du Dépôt des Lois.

L O I

Qui ordonne la publication du traité de paix ratifié entre la République française et le roi de Prusse.

Du 11 Floréal, an troisième de la République française, une et indivisible.

LA CONVENTION NATIONALE, après avoir entendu la lecture de la ratification donnée par le roi de Prusse, le 15 avril 1795 (*ère vulgaire*), au traité de paix conclu à Bâle le 16 germinal dernier,

Décrète que le traité de paix conclu à Bâle le 16 germinal dernier, entre le citoyen *François Barthélemy*, ambassadeur en Suisse, au nom de la République française, et *Charles Auguste*, baron de Hardenberg, ministre d'état, de guerre et du cabinet, chevalier de l'ordre de l'Aigle-Rouge et de l'Aigle-Blanc, et de Saint-Stanislas, au nom du roi de Prusse ; le décret de ratification dudit traité, rendu par la Convention nationale le 25 dudit mois de germinal ;

Et la ratification du roi de Prusse, donnée à Berlin le 15 avril 1795, (*ère vulgaire*), seront déposés aux archives nationales, imprimés, solennellement publiés et affichés dans toute l'étendue de la République.

(*La teneur du traité entre la République française et le roi de Prusse, et le décret qui le confirme et ratifie, ont été imprimés sous la date du 25 germinal an 3e., et sous le n°. 362 *)*

ACTE de ratification du traité de paix conclu à Bâle entre les plénipotentiaires de sa majesté le roi de Prusse et de la République française, le 5 avril 1795.

Nous, *Frédéric, Guillaume II*, par la grâce de Dieu, roi de Prusse, margrave de Brandebourg ; archi-chambellan et prince électeur du Saint-Empire romain ; souverain duc de Silésie ; souverain prince d'Orange, de Neufchâtel et de Valangin, ainsi que du comté de Glatz ; duc de Gueldre, de Magdebourg, de Clèves, de Juliers, de Bergue, de Stettin, de Poméranie, des Cassubes et Vandales, de Mecklenbourg et de Crossen ; burgrave de Nuremberg ; prince

de Halberstadt; de Minde, de Camin, de Vandalie, de Suerin , de Ratzebourg,
d'Ost-Frise et de Meurs; comte de Hohenzollern , de Ruppin, de la Marck , de
Ravensberg , de Hohenstein , de Tecklenbourg ; de Suerin , de Lingue, de Bure
et de Leerdam ; seigneur de Ravenstein, de Rostock , de Stargard , de Limbourg,
de Lunebourg , de Butau, d'Artay et de Bréda , etc.

Savoir faisons à quiconque il appartiendra ; les pourparlers survenus entre
nous et le gouvernement français , au sujet d'un échange des prisonniers de
guerre respectifs, ayant eu l'heureux effet de mettre au jour les dispositions réciproques à rétablir entre les deux puissances la paix et la bonne harmonie , il
en est résulté une négociation tendant à ce but salutaire , auquel nous étions
également appelés par le double desir de délivrer nos bons et fidèles sujets des
calamités inévitables de la guerre , et de contribuer , autant qu'il dépendait de
nous, à en faire cesser le fléau en Europe. Et les plénipotentiaires nommés de
part et d'autre pour traiter à ce sujet, savoir; de notre côté, le sieur *Charles
Auguste* , baron de Hardenberg, notre ministre d'état , de guerre et du cabinet,
chevalier de l'ordre de l'Aigle-Rouge , de l'Aigle-Blanc et de Saint-Stanislas , etc. ;
et du côté de la République française, le sieur *François Barthélemy* , son ambassadeur en Suisse, etc. , ayant conclu et signé à Bâle, le 5 du présent mois,
un traité de paix;

Nous, après avoir lu et examiné ce traité, l'avons trouvé conforme à notre
volonté, en tout et chacun des points et articles qu'il renferme, et les avons en
conséquence acceptés, approuvés, ratifiés et confirmés pour nous et nos successeurs, comme nous les acceptons, approuvons, ratifions et confirmons par les
présentes : promettant de les accomplir et observer sincèrement , et de bonne foi,
et de ne point permettre qu'il y soit contrevenu de quelque manière que ce puisse
être.

En foi de quoi nous avons signé ces présentes de notre main, et y avons fait
apposer notre sceau royal.

Fait à Berlin , le 15e. d'avril de l'an de grâce mil sept cent quatre-vingt-
quinze, et de notre règne le neuvième.

Signé FRÉDERIC GUILLAUME , roi de Prusse.

Et au bas ,
Signé *FINCKENSTEIN* et *CRUMM.*

Visé. Signé S. E. MONNEL.

Collationné. *Signé* CAMBACÉRÈS *ex-président ;* SAINT-MARTIN ,
J. B. LOUVET , PEYRE , *secrétaires.*

A PARIS , de l'Imprimerie du Dépôt des Lois.

LOIS

Qui ratifient deux traités de paix et d'alliance passés entre la Répu-
blique des Provinces-Unies, le roi de Prusse et la République
Française.

Du 8 Prairial, an troisième de la République Française, une et indivisible.

1°. *L O I qui ordonne la publication et l'affiche d'un rapport et* <u>B. n°. 146.</u>
d'une lettre annonçant la conclusion d'un traité d'alliance avec <u>D. n°. 830.</u>
les Provinces-Unies.

Du 2 Prairial, an troisième.

LA CONVENTION NATIONALE décrète que le rapport du comité de salut public,
et les lettres annonçant le traité de paix et d'alliance, signé à la Haye le 27 floréal, entre la République française et les Provinces-Unies, seront imprimés,
publiés et affichés dans Paris sur-le-champ; et que des membres de la Convention seront nommés pour en donner connaissance à l'instant à la force armée
qui entoure la représentation nationale.

Visé. Signé S. E. MONNEL.

Collationné. *Signé* VERNIER, *président;* MOLLEVAUT, SAINT-
MARTIN, *secrétaires.*

A

RAPPORT

Fait par le comité de salut public à la Convention nationale, dans la séance du 2 Prairial, an troisième de la République, sur l'alliance conclue entre la République française et les Provinces-Unies.

Citoyens,

Hier, au moment de l'explosion du complot ourdi contre la représentation nationale, je vous annonçais que des négociations de la plus haute importance étaient ouvertes entre la République et plusieurs puissances étrangères, et que nous étions sur le point d'en recueillir les heureux effets.

Je viens aujourd'hui, au nom de votre comité de salut public, vous faire part de deux lettres qui vous prouveront que l'annonce d'hier n'étoit pas avancée indiscrètement.

Depuis long-temps tous les esprits en France sont tournés vers la Hollande, et l'on s'étonne autant que l'on s'inquiète du retard des ressources de plusieurs genres que nous en attendons.

Il est inutile en ce moment, de vous rendre compte des causes de ce retard; je me borne à vous annoncer qu'une négociation ouverte depuis plusieurs mois vient d'être conclue à la Haye. Sous deux ou trois jours, nous aurons à vous annoncer un autre traité qui doit être en ce moment signé à Bâle, et qui aura une très-grande influence sur la pacification générale.

Voici des lettres que le comité de salut public vient de recevoir.

ÉGALITÉ. LIBERTÉ. FRATERNITÉ.

A la Haye, le 28 Floréal, l'an troisième de la République française, une et indivisible.

Les représentans du peuple REUBELL et SIEYES, délégués à la Haye, à leurs collègues composant le comité de salut public.

Vive la République! Nous sommes d'accord avec les commissaires plénipotentiaires, chers collègues; le traité de paix et d'alliance a été signé cette nuit au bout de la quatrième conférence : recevez nos fraternelles salutations.

Signé, SIEYES et REUBELL.

LIBERTÉ. ÉGALITÉ. FRATERNITE.

Paris, ce 21 Mai 1795, l'an premier de la liberté batave.

BLAAUX et MEYERE, ministres plénipotentiaires de la République batave, aux Représentans du peuple français, membres du comité de salut public.

Les soussignés ministres plénipotentiaires de la République batave ont l'honneur de faire part au comité de salut public, qu'ils viennent de recevoir un courrier avec l'agréable nouvelle de la conclusion d'un traité d'alliance entre les deux Républiques, signé le 27 floréal, à la Haye. Ils ne doutent point que le comité n'en soit déjà instruit; mais ils auroient cru manquer à leur devoir en ne communiquant pas officiellement eux-mêmes au comité un évènement aussi important pour les deux nations.

Signé MEYERE et BLAAUX.

Visé. Signé S. E. MONNEL.

Collationné. *Signé* VERNIER, *président;* MOLLEVAUT, SAINT-MARTIN, *secrétaires.*

L O I qui confirme et ratifie le traité de paix et d'alliance conclu entre la République française et celle des Provinces-Unies.

B. n°. 150

D. n°. 874.

Du 8 Prairial, an troisième.

La Convention nationale, après avoir entendu le rapport de son comité de salut public, confirme et ratifie le traité de paix, d'amitié et d'alliance, passé à la Haye le 27 floréal dernier (16 mai 1795), entre les représentans du peuple *Reubell* et *Sieyes*, et les membres des Etats-Généraux, *Peter-Paulus, Lestevenon, Mathias Pons* et *Huber*, munis respectivement de pleins-pouvoirs à cet effet.

Visé. Signé S. E. MONNEL, J. M. HUBERT.

Collationné. *Signé* MATHIEU, *président;* GAMON, BOURSAULT, MOLLEVAUT, HENRY-LARIVIÈRE, SAINT-MARTIN, *secrétaires.*

A 2

B. n.° 147.

D. n.° 846.

RAPPORT

Du représentant du peuple Sieyes, *sur le traité de paix et d'alliance entre la République française et la République des Provinces-Unies.*

CITOYENS,

J'arrive de Hollande, votre comité de salut public et votre juste impatience m'appellent à la tribune à l'instant même; ce n'est donc pas un rapport en règle que vous devez attendre de nous.

Citoyens, dans le Nord la République française n'a plus que des amis. Le peuple respectable et énergique des Provinces-Unies admire le courage français, et plein du sentiment de la liberté qui fait votre force et votre gloire, il jure en ce moment une alliance offensive et défensive contre tous vos ennemis actuels, et une alliance éternelle contre l'Angleterre, notre commune ennemie.

Le traité de paix et d'alliance que nous venons vous présenter, offre à la République française tous les avantages raisonnablement possibles qu'elle avait droit d'attendre, sans nuire à la bonne existence et à la dignité d'une nation devenue votre fidèle alliée; de nouveaux moyens, de nouvelles sources de prospérité s'ouvrent devant vous : vous acquérez ce qui en fait le gage et la garantie solide, une nouvelle puissance militaire et navale dans une partie des plus importantes du globe, dans les mers d'Allemagne et du Nord.

La Tamise doit voir avec inquiétude les futures destinées de l'Escaut. Londres est trop éclairé sur ses intérêts pour ignorer que Bruges et Anvers doivent acquérir sur son commerce la supériorité que nos armes ont remportée sur nos ennemis. Le port de Flessingue, le meilleur des Provinces-Unies, est devenu commun aux deux nations française et batave. Les marins instruits savent de plus, que la Flandre hollandaise, devenue française par votre traité, vous offre un port susceptible de devenir entre vos mains plus important encore. Ainsi la République française qui, par la seule force de sa position, doit jouer au sud un grand rôle dans la Méditerranée, qui peut à l'ouest dans l'Océan opposer de grandes forces à la tyrannie anglaise, acquiert enfin au Nord la seule chose qui lui manquait, une grande et superbe existence navale et commerciale.

La réunion des deux Républiques française et batave annonce déjà au monde, que la tyrannie britannique va bientôt faire place à la liberté des mers que vous aurez conquise, et que, grands et magnanimes dans vos prospérités, vous offrirez aussitôt à a reconnaissance de tous les peuples de la terre.

Je n'ai qu'un mot à vous dire sur les négociations. Les préventions étaient grandes, on les soufflait de par-tout : dès qu'on a pu s'entendre, on s'est accordé; et c'est ce qui arrivera toujours à des hommes faits pour être libres. Enfin de part et d'autre on est content.

Voici le traité :

LA RÉPUBLIQUE FRANÇAISE ET LA RÉPUBLIQUE DES PROVINCES-UNIES, également animées du desir de mettre fin à la guerre qui les a divisées, d'en réparer les maux par une juste distribution de dédommagemens et d'avantages réciproques, et de s'unir à perpétuité par une alliance fondée sur les vrais intérêts des deux peuples, ont nommé pour traiter définitivement de ces grands objets, sous la ratification de la Convention nationale et des Etats-généraux, savoir :

La République française, les citoyens *Reubell* et *Sieyes*, représentans du peuple; et la République des Provinces-Unies, les citoyens *Paulus*, *Lestevenon*, *Mathias Pons* et *Huber*, membres des Etats - Généraux; lesquels, après avoir échangé leurs pleins pouvoirs, ont arrêté les articles suivans :

ARTICLE PREMIER.

La République française reconnaît la République des Provinces-Unies comme puissance libre et indépendante, et lui garantit sa liberté, son indépendance, et l'abolition du stathoudérat décrétée par les Etats-Généraux et par chaque province en particulier.

II. Il y aura à perpétuité entre les deux Républiques française et des Provinces-Unies, paix, amitié et bonne intelligence.

III. Il y aura entre les deux Républiques, jusqu'à la fin de la guerre, alliance offensive et défensive contre tous leurs ennemis sans distinction.

IV. Cette alliance offensive et défensive aura toujours lieu contre l'Angleterre dans tous les cas où l'une des deux Républiques sera en guerre avec elle.

V. Aucune des deux Républiques ne pourra faire la paix avec l'Angleterre ni traiter avec elle sans le concours et le consentement de l'autre.

VI. La République française ne pourra faire la paix avec aucune des autres puissances coalisées, sans y faire comprendre la République des Provinces-Unies.

VII. La République des Provinces-Unies fournira pour son contingent pendant cette campagne, douze vaisseaux de ligne et dix-huit frégates, pour être employés principalement dans les mers d'Allemagne, du Nord et de la Baltique.

Ces forces seront augmentées pour la campagne prochaine, s'il y a lieu.

A 3

La République des Provinces-Unies fournira en outre, si elle en est requise, la moitié au moins des troupes de terre qu'elle aura sur pied.

VIII. Les forces de terre et de mer des Provinces-Unies qui seront expressément destinées à agir avec celles de la République française, seront sous les ordres des généraux français.

IX. Les opérations militaires combinées seront arrêtées par les deux gouvernemens; pour cet effet, un député des Etats-Généraux aura séance et voix délibérative dans le comité français chargé de cette direction.

X. La République des Provinces-Unies rentre dès ce moment en possession de sa marine, de ses arsenaux de terre et de mer, et de la partie de son artillerie dont la République française n'a pas disposé.

XI. La République française restitue pareillement, et dès-à-présent à la République des Provinces-Unies, tout le territoire, pays et villes faisant partie ou dépendant des Provinces-Unies, sauf les réserves et exceptions portées dans les articles suivans :

XII. Sont réservés par la République française comme une juste indemnité des villes et pays conquis restitués par l'article précédent,

1.° La Flandre hollandaise, y compris tout le territoire qui est sur la rive gauche du Hondt ;

2.° Maestricht, Venloo et leurs dépendances, ainsi que les autres enclaves et possessions des Provinces-Unies situées au sud de Venloo, de l'un et l'autre côté de la Meuse.

XIII. Il y aura dans la place et le port de Flessingue garnison française exclusivement, soit en paix, soit en guerre, jusqu'à ce qu'il en soit stipulé autrement entre les deux nations.

XIV. Le port de Flessingue sera commun au deux nations en toute franchise ; son usage sera soumis à un *règlement* convenu entre les parties contractantes, lequel sera attaché comme supplément au présent traité.

XV. En cas d'hostilité de la part de quelqu'une des puissances qui peuvent attaquer soit la République des Provinces-Unies, soit la République française, du côté du Rhin ou de la Zélande, le gouvernement français pourra mettre garnison française dans les places de Bois-le-Duc, Grave et Berg-op-zoom.

XVI. A la pacification générale, la République française cédera à la République des Provinces-Unies, sur les pays conquis et restés à la France, des portions de territoire égales en surface à celles réservées par l'article XII ; lesquelles portions de territoire seront choisies dans le site le plus convenable pour la meilleure démarcation des limites réciproques.

XVII. La République française continuera d'occuper militairement, mais par un nombre de troupes déterminé et convenu entre les deux nations, pendant la présente guerre seulement, les places et positions qu'il sera utile de garder pour la défense du pays.

XVIII. La navigation du Rhin, de la Meuse, de l'Escaut, du Hondt, et de toutes leurs branches jusqu'à la mer, sera libre aux deux nations française et batave; les vaisseaux français et des Provinces-Unies y seront indistinctement reçus et aux mêmes conditions.

XIX. La République française abandonne à la République des Provinces-Unies tous les biens immeubles de la maison d'Orange, ceux même des meubles et effets mobiliers dont la République française ne jugera pas à propos de disposer.

XX. La République des Provinces-Unies paiera à la République française, à titre d'indemnité et de dédommagement des frais de la guerre, cent millions de florins, argent courant de Hollande, soit en numéraire, soit en bonnes lettres de change sur l'étranger, conformément au mode de paiement convenu entre les deux Républiques.

XXI. La République française emploîra ses bons offices auprès des puissances avec lesquelles elle sera dans le cas de traiter, pour faire payer aux habitans de la République batave les sommes qui pourront leur être dues pour négociations directes faites avec les gouvernemens avant la présente guerre.

XXII. La République des Provinces-Unies s'engage à ne donner retraite à aucun émigré français; pareillement la République française ne donnera point retraite aux émigrés orangistes.

XXIII. Le présent traité n'aura son effet qu'après avoir été ratifié par les parties contractantes; et les ratifications seront échangées à Paris dans le terme de deux décades, ou plutôt, s'il est possible, à compter de ce jour. En foi de quoi, nous soussignés représentans du peuple français, et nous soussignés membres des Etats-Généraux, en vertu de nos pleins pouvoirs respectifs, avons signé le présent traité de paix, d'amitié et d'alliance, et y avons apposé nos sceaux respectifs.

Fait à la Haye, le 27 floréal, l'an troisième de la République française, 16 mai 1795.

Signé REUBELL, SIEYES; P. PAULUS, J. A. LESTEVENON, B. MATHIAS PONS et HUBER.

RÉGLEMENT

Pour déterminer l'usage du port de Flessingue, en conséquence de l'article XIV du traité de paix et d'alliance du 27 Floréal, l'an troisième de la République française, 16 Mai 1795, entre la République française et celle des Provinces-Unies.

ARTICLE PREMIER.

Les deux nations française et batave se serviront également du port et du bassin de Flessingue pour la construction, la réparation et l'équipement de leurs vaisseaux.

II. Chaque nation y aura, séparément et sans mélange, ses propres arsenaux, magasins, chantiers et ouvriers.

III. Pour faire entrer dès-à-présent la nation française en communauté d'avantages du port de Flessingue, la République des Provinces-Unies lui cédera, sur le bassin, le bâtiment qui sert de magasin à la compagnie des Indes occidentales; en outre, il lui sera assigné le terrain nécessaire pour y établir des chantiers et des arsenaux, et jusqu'à ce qu'elle puisse en jouir, elle aura l'usage des chantiers actuellement existans.

IV. Quant aux acquisitions de nouveaux terrains et constructions de bâtimens que chaque nation voudrait faire dans les port et bassin de Flessingue, pour agrandir ses propres magasins, arsenaux et chantiers, ou en créer de nouveaux, les frais de renouvellement ou de réparation desdits arsenaux, magasins et chantiers, et les frais qui regardent les constructions, réparations et équipement des vaisseaux respectifs avec tout ce qui en dépend, resteront à la charge de chaque nation respectivement.

V. Les frais des réparations nécessaires au port, au bassin et aux quais, étant pour l'avantage commun des deux nations, seront à la charge des deux gouvernemens.

Ces réparations seront arrêtées, ordonnées et conduites par la direction des Provinces-Unies : la direction de la République française sera seulement prévenue des réparations à faire, et se bornera, quand elles seront achevées, à en constater la confection, à en faire passer le procès-verbal à son gouvernement, y joint l'état des frais, afin qu'il soit de suite pourvu au remboursement de la moitié desdits frais.

VI. Il est convenu qu'aucune des deux nations ne mettra dans le port ni vaisseau amiral, ni vaisseau de garde.

VII. Dans tous les cas où il s'élèverait des contestations qui ne pourraient être terminées à l'amiable, sur l'exécution du présent réglement, ces contestations seront décidées par cinq arbitres, qui seront nommés, savoir, deux par la direction française, deux par la direction batave; pour le cinquième, chaque direction nommera un *neutre*, et le sort déterminera entre les deux *neutres* nommés celui qui remplira les fonctions de cinquième arbitre.

VIII. Le présent réglement sera exécuté suivant sa forme et teneur, comme faisant partie de l'article XIV du traité de paix et d'alliance de ce jour entre la République française et celle des Provinces-Unies.

Fait à la Haye, ce 27 Floréal, l'an troisième de la République Française, 16 Mai 1795.

Signé Reubell, Sieyes; P. Paulus, J. A. Lestevenon, B. Mathias Pons et Huber.

2°. *LOI qui confirme et ratifie le traité passé le 28 Floréal, an troisième, entre la République française et le roi de Prusse.* B. n.° 151. D. n.° 885.

Du 8 Prairial, an troisième de la République.

La Convention nationale, après avoir entendu le rapport de son comité de salut public, confirme et ratifie le traité passé le 28 floréal, an troisième de la république française, entre le citoyen *François Barthélemy*, ambassadeur de la république française près les cantons helvétiques, et *Charles Auguste*, baron de Hardenberg, ministre plénipotentiaire du roi de Prusse, munis respectivement de pleins pouvoirs à cet effet.

Visé. Signé Auger, S. E. Monnel, J. M. Hubert.

Collationné. *Signé* Mathieu *président*; Boursault, Gamon, Mollevaut, Henry Lariviere, Saint-Martin, *secrétaires*.

Traité entre la République française et le roi de Prusse, conclu à Bâle le 28 floréal, l'an troisième de la République française, (17 mai 1795.)

La République française et sa majesté le roi de Prusse, ayant stipulé, dans le traité de paix et d'amitié conclu entre elles le 16 germinal dernier (5 avril 1795), des clauses secrètes qui se rapportent à l'article VII dudit traité, et qui établissent une ligne de démarcation et de neutralisation dont le but est d'é- loigner le théâtre de la guerre de tout le nord de l'Allemagne, ont jugé con- venable d'en expliquer et d'en arrêter définitivement les conditions par une con- vention particulière.

A cet effet, les plénipotentiaires respectifs des deux hautes puissances con- tractantes, savoir :

De la part de la République française,

Le citoyen François Barthélemy, son ambassadeur en Suisse ;

Et de la part du roi de Prusse,

Son ministre d'Etat, de guerre et du cabinet,

Charles Auguste, baron de Hardenberg, chevalier de l'ordre de l'Aigle- Rouge, de l'Aigle-Blanc et de Saint-Stanislas, etc.

Ont arrêté les articles suivans :

ARTICLE PREMIER.

Afin d'éloigner le théâtre de la guerre des frontières des états de sa majesté le roi de Prusse, de conserver le repos du nord de l'Allemagne, et de rétablir la liberté entière du commerce entre cette partie de l'Empire et la France comme avant la guerre, la République française consent à ne pas pousser les opéra- tions de la guerre, ni faire entrer ses troupes, soit par terre, soit par mer, dans les pays et états situés au-delà de la ligne de démarcation suivante :

Cette ligne comprendra l'Ostfrise et descendra le long de l'Ems et de l'Aa ou l'Alpha, jusqu'à Munster, prenant ensuite sa direction sur Cœsfeld, Borken, Bockholt, jusqu'à la frontière du duché de Clèves près de Isselbourg ; suivant cette frontière, à Magensporst, sur la nouvelle Issel, et remontant le Rhin jus- qu'à Duisbourg ; de-là, longeant la frontière du comté de la Mark sur Werden, Gemarke, et le long de la Wipper à Hombourg, Altenkirchen, Limbourg, sur la Lahn ; le long de cette rivière et de celle qui vient de Idstein sur cette ville, Epstein et Hœchst sur le Mein ; de-là sur Rauenheim, le long du Land- graben sur Dornheim, puis en suivant le ruisseau qui traverse cet endroit jus- qu'à la frontière du Palatinat ; de-là, celle du pays de Darmstad et du cercle de Franconie, que la ligne enclavera en entier à Ebersbach sur le Necker ; continuant le cours de ce fleuve jusqu'à Wimpfen, ville libre de l'Empire, et prenant de là sur Loewenstein, Murhard, Hohenstadt, Noerdlingen, ville libre de l'Empire, et Holzkirch sur la Wernitz ; renfermant le comté de Pappenheim et tout le cercle de Franconie et de la Haute-Saxe, le long de la Bavière, du Haut-Palatinat et de la Bohême, jusqu'aux frontières de la Silésie.

II. La République française regardera comme pays et états neutres tous ceux qui sont situés derrière cette ligne, à condition qu'ils observent de leur côté, une stricte neutralité, dont le premier point sera de rappeler leurs contingens, et de ne contracter aucun nouvel engagement qui pût les autoriser à fournir des troupes aux puissances en guerre avec la France.

Ceux qui ne rempliront pas cette condition, sont exclus du bénéfice de la neutralité.

III. Sa majesté le roi de Prusse s'engage à faire observer cette neutralité à tous les états qui sont situés sur la rive droite du Mein, et compris dans la ligne de démarcation susmentionnée.

Le roi se charge de la garantie qu'aucunes troupes ennemies de la France ne passent cette partie de la ligne ou ne sortent des pays qui y sont compris pour combattre les armées françaises, et à cet effet, les deux parties contractantes entretiendront sur les points essentiels, après s'être concertées entre elles, des corps d'observation suffisans pour faire respecter cette neutralité.

IV. Le passage des troupes, soit de la République française, soit de l'Empire ou Autrichiennes, restera toutefois libre par les routes conduisant sur la rive droite du Mein par Francfort :

1.° Sur Kœnigstein et Limbourg, vers Cologne ;

2.° Sur Friedberg, Wetzlar et Siegen, vers Cologne;

3.° Sur Hadersheim, Wisbaden et Nassau, à Coblentz;

4.° Enfin, sur Hadersheim à Mayence, et *vice versâ*.

De même que dans tous les pays situés sur la rive gauche de cette rivière et dans tout le cercle de Franconie, sans toutefois porter le moindre préjudice à la neutralité de tous les états et pays renfermés dans la ligne de démarcation.

V. Le comté de Sayn-Altenkirchen sur le Westerwald, y compris le petit district de Beudorff au-dessous de Coblentz, étant dans la possession de sa majesté le roi de Prusse, jouira des mêmes sûretés et avantages que ses autres états situés sur la rive droite du Rhin.

VI. La présente convention devra être ratifiée par les parties contractantes, et les ratifications seront échangées en cette ville de Bâle dans le terme d'un mois, ou plutôt, s'il est possible, à compter de ce jour.

En foi de quoi, nous soussignés plénipotentiaires de la République française et de sa majesté le roi de Prusse, en vertu de nos pleins pouvoirs, avons signé la présente convention particulière, et y avons fait apposer nos sceaux respectifs.

Fait à Bâle, le 28 floréal, an troisième de la République française (17 mai 1795.)

(L. S.) *Signé* FRANÇOIS BARTHÉLEMY.

(L. S.) *Signé* CHARLES AUGUSTE, baron de Hardenberg.

Visé. Signé AUGER, S. E. MONNEL, J. M. HUBERT.

Collationné. Signé MATHIEU, *président*; BOURSAULT, PEYRE, *secrétaires.*

A PARIS, de l'Imprimerie du Dépôt des Lois.

L O I

B. n.º 153.

Par laquelle les citoyens Van-Grasveld *et* de Sitter *sont reconnus et* D. n.º 898.
proclamés ambassadeurs extraordinaires de la République *des*
Provinces-Unies *auprès de la* République française.

Du 17 Prairial, l'an troisième de la République française une et indivisible.

LA CONVENTION NATIONALE, après avoir entendu la lecture de
l'acte de ratification, donné le 26 mai 1795 (7 prairial) par les états-
généraux des Provinces-Unies, au traité de paix, d'amitié et d'alliance
conclu à la Haie, le 27 floréal dernier, entre les plénipotentiaires
respectifs de la République française et de la République des Provinces-
Unies, décrète :

ART. I.er Le traité de paix, d'amitié et d'alliance ci-dessus mentionné, le décret du 8 prairial présent mois, par lequel la Convention
nationale l'a ratifié, et l'acte de ratification donné à ce même traité
par les états généraux des Provinces-Unies, seront déposés aux
archives nationales, imprimés, solennellement publiés et affichés dans
toute l'étendue de la République.

II. Les citoyens *Van-Grasveld* et *de Sitter* sont reconnus et proclamés ambassadeurs extraordinaires de la République des Provinces-
Unies auprès de la République française.

III. Le discours prononcé dans la présente séance par les ambassadeurs extraordinaires de la République des Provinces-Unies, la
réponse du président, et l'extrait du procès-verbal de cette même
séance, seront traduits dans toutes les langues, imprimés, affichés,
et envoyés aux départemens, aux armées et aux agens politiques de la
République près les gouvernemens étrangers.

Visé. Signé *J. M. HUBERT.*

Collationné. *Signé* BRÉARD, *ex-président;* BOURSAULT,
MARRAGON, *secrétaires.*

A PARIS, de l'Imprimerie du Dépôt des Lois.

L O I

B. n.º 169.

D. n.º 991.

Qui confirme et ratifie le traité de paix passé le 4 thermidor, an troisième, entre la République française et le roi d'Espagne.

Du 14 Thermidor, an troisième de la République française une et indivisible.

LA CONVENTION NATIONALE, après avoir entendu le rapport de son comité de salut public, confirme et ratifie le traité passé le 4 thermidor présent mois entre le citoyen *François Barthelemy*, ambassadeur de la République française près les Cantons Helvétiques, fondé de pouvoirs du comité de salut public, et *dom Domingo d'Yriarte*, chevalier de l'ordre royal de Charles III, ministre plénipotentiaire du roi d'Espagne.

Traité de paix entre la République française et le roi d'Espagne.

ARTICLE PREMIER.

Il y aura paix, amitié et bonne intelligence entre la République française et le roi d'Espagne.

II. En conséquence, toutes les hostilités entre les deux puissances contractantes cesseront, à compter de l'échange des ratifications du présent traité ; et aucune d'elles ne pourra, à compter de la même époque, fournir contre l'autre, en quelque qualité et à quelque titre que ce soit, aucun secours ni contingent, soit en hommes, en chevaux, vivres, argent, munitions de guerre, vaisseaux ou autrement.

III. L'une des puissances contractantes ne pourra accorder passage sur son territoire à des troupes ennemies de l'autre.

IV. La République française restitue au roi d'Espagne toutes les conquêtes qu'elle a faites sur lui dans le cours de la guerre actuelle.

Les places et pays conquis seront évacués par les troupes françaises dans les quinze jours qui suivront l'échange des ratifications du présent traité.

V. Les places fortes dont il est fait mention dans l'article précédent, seront restituées à l'Espagne, avec les canons, munitions de guerre et effets à l'usage de ces places, qui y auront existé au moment de la signature de ce traité.

VI. Les contributions, livraisons, fournitures et prestations de guerre cesseront entièrement à compter de quinze jours après la signature du présent acte de pacification. Tous les arrérages dus à cette époque, de même que les billets et promesses donnés ou faits à cet égard, seront de nul effet. Ce qui aura été pris ou perçu après l'époque susdite, sera d'abord rendu gratuitement ou payé en argent comptant.

VII. Il sera incessamment nommé de part et d'autre des commissaires pour procéder à la confection d'un traité de limites entre les deux puissances.

Ils prendront, autant que possible, pour base de ce traité, à l'égard des terrains qui étaient en litige avant la guerre actuelle, la crête des montagnes qui forment les versans des eaux de France et d'Espagne.

VIII. Chacune des puissances contractantes ne pourra, à dater d'un mois après l'échange des ratifications du présent traité, entretenir sur ses frontières respectives que le nombre de troupes qu'on avait coutume d'y tenir avant la guerre actuelle.

IX. En échange de la restitution portée par l'article IV, le roi d'Espagne, pour lui et ses successeurs, cède et abandonne en toute propriété, à la république française, toute la partie espagnole de l'île de Saint-Domingue aux Antilles.

Un mois après que la ratification du présent traité sera connue dans cette île, les troupes espagnoles devront se tenir prêtes à évacuer les places, ports et établissemens qu'elles y occupent, pour les remettre aux troupes de la République française, au moment où celles-ci se présenteront pour en prendre possession.

Les places, ports et établissemens dont il est fait mention ci-dessus, seront remis à la République française, avec les canons, munitions de guerre et effets nécessaires à leur défense, qui y existeront au moment où le présent traité sera connu à Saint-Domingue.

Les habitans de la partie espagnole de Saint-Domingue qui, par des motifs d'intérêt ou autres, préféreroient de se transporter avec leurs biens dans les possessions de sa majesté catholique, pourront le faire dans l'espace d'une année à compter de la date de ce traité.

Les généraux et commandans respectifs des deux nations se concerteront sur les mesures à prendre pour l'exécution du présent article.

X. Il sera accordé respectivement aux individus des deux nations, la mainlevée des effets, revenus, biens, de quelque genre qu'ils soient, détenus, saisis ou confisqués à cause de la guerre qui a eu lieu entre la République française et sa majesté catholique, de même qu'une prompte justice à l'égard des créances particulières quelconques que ces individus pourraient avoir dans les états des deux puissances contractantes.

XI. En attendant qu'il soit fait un nouveau traité de commerce entre les parties contractantes, toutes les communications et relations commerciales seront rétablies entre la France et l'Espagne sur le pied où elles étaient avant la présente guerre.

Il sera libre à tous négocians français de repasser et de reprendre en Espagne leurs établissemens de commerce, et d'en former de nouveaux, selon leur convenance, en se soumettant, comme tous autres individus, aux lois et usages du pays.

Les négocians espagnols jouiront de la même faculté en France, et aux mêmes conditions.

XII. Tous les prisonniers faits respectivement depuis le commencement de la guerre, sans égard à la différence du nombre et des grades, y compris les marins et matelots pris sur des vaisseaux français ou espagnols, soit d'autres nations, ainsi qu'en général tous ceux détenus de part et d'autre pour cause de la guerre, seront rendus dans l'espace de deux mois au plus tard après l'échange des ratifications du présent traité, sans répétition quelconque de part ni d'autre, en payant toutefois les dettes particulières qu'ils pourraient avoir contractées pendant leur captivité. On en usera de même à l'égard des malades et blessés aussitôt après leur guérison.

Il sera nommé incessamment des commissaires de part et d'autre, pour procéder à l'exécution du présent article.

XIII. Les prisonniers portugais faisant partie des troupes portugaises, qui ont servi avec les armées et sur les vaisseaux de sa majesté catholique, seront également compris dans l'échange sus-mentionné. La réciprocité aura lieu à l'égard des Français pris par les troupes portugaises dont il est question.

XIV. La même paix, amitié et bonne intelligence, stipulées par le présent traité entre la France et le roi d'Espagne, auront lieu entre le roi d'Espagne et la République des Provinces-Unies, alliée de la République française.

XV. La République française voulant donner un témoignage d'amitié à sa majesté catholique, accepte sa médiation en faveur du roi de Portugal, du roi de Naples, du roi de Sardaigne, de l'Infant duc de Parme et autres états de l'Italie, pour le rétablissement de la paix entre la République française et chacun de ces princes et Etats.

XVI. La République française connaissant l'intérêt que sa majesté catholique prend à la pacification générale de l'Europe, consent également à accueillir ses bons offices en faveur des autres puissances belligérantes, qui s'adresseraient à elle pour entrer en négociation avec le gouvernement français.

XVII. Le présent traité n'aura son effet qu'après avoir été ratifié par les parties contractantes, et les ratifications seront échangées dans le terme d'un mois, ou plutôt, s'il est possible, à compter de ce jour.

En foi de quoi, nous soussignés plénipotentiaires de la République française et de sa majesté le roi d'Espagne, en vertu de nos pleins pouvoirs, avons signé le présent traité de paix et d'amitié, et y avons fait apposer nos sceaux respectifs.

Fait à Bâle, le quatre du mois de thermidor de l'an troisième de la République française (22 juillet 1795.)

Signé FRANÇOIS BARTHÉLEMY, DOMINGO D'YRIARTE.

Visé. Signé ENJUBAULT.

Collationné. *Signé* A. DUMONT , *ex-président;* G. F. DENTZEL , LAURENCEOT , QUIROT, J. T. L. LEMOINE (du Calvados), LECLERC , *secrétaires.*

A PARIS,
DE L'IMPRIMERIE DU DEPOT DES LOIS.

AN III DE LA REPUBLIQUE FRANÇAISE.

LOIS

B. n°. 178.
D.n.° 166.

Concernant la ratification du traité de paix entre la République française et le roi d'Espagne.

Des 14 Thermidor et 10 Fructidor, an troisième de la République française une et indivisible.

1.° *LOI qui confirme et ratifie le traité de paix entre la République française et le roi d'Espagne.*

Du 4 Thermidor, an troisième.

LA CONVENTION NATIONALE, après avoir entendu le rapport de son comité de salut public, confirme et ratifie le traité passé, le 4 thermidor présent mois, entre le citoyen *François Barthélemy*, ambassadeur de la République française près les Cantons helvétiques, fondé de pouvoirs du comité de salut public, et *dom Domingo d'Yriarte*, chevalier de l'ordre royal de Charles III, ministre plénipotentiaire du roi d'Espagne.

Visé. Signé ENJUBAULT.

Collationné. *Signé* A. DUMONT, *ex-président;* G. F. DENTZEL, LAURENCEOT, QUIROT, J. T. L. LEMOINE (du Calvados), LECLERC, *secrétaires.*

A C T E de ratification du roi d'Espagne.

Dom Carlos, par la grâce de Dieu, roi de Castille, de Léon, d'Arragon, des Deux-Siciles, de Jérusalem, de Navarre, de Grenade, de Tolède, de Valence, de Galice, de Majorque, de Séville, de Sardaigne, de Cordoue, de Corse, de Murcie, de Jaen, des Algarves, d'Algezire, de Gibraltar, des îles Canaries, des Indes orientales et occidentales, îles et terres fermes de l'Océan; archiduc d'Autriche; duc de Bourgogne, de Brabant et de Milan; comte de Habsbourg, de Flandres, du Tirol et de Barcelone; seigneur de la Biscaye et de Moline, etc.

Comme en vertu des pleins-pouvoirs que nous avions conférés à dom Domingo d'Yriarte, chevalier de l'ordre royal-distingué-espagnol de Charles III, et notre ministre plénipotentiaire et envoyé extraordinaire auprès du roi et de la république de Pologne, pour traiter des conditions de la paix avec la *République française*, et de ceux donnés également par celle-ci à son ambassadeur en Suisse, dom Francisco Barthelemy, ces plénipotentiaires ont arrêté, conclu et signé, le 22 juillet de cette année, le traité définitif de paix qui est composé d'un préambule et de dix-sept articles, le tout en langue française, dont la teneur suit:

TRAITÉ DE PAIX.

La République française et sa majesté le roi d'Espagne, également animées du désir de faire cesser les calamités de la guerre qui les divise, intimement convaincues qu'il existe entre les deux nations des intérêts respectifs qui commandent un retour réciproque d'amitié et de bonne intelligence, et voulant, par une paix solide et durable, rétablir la bonne harmonie, qui depuis long-temps avait constamment été la base des relations des deux pays, elles ont chargé de cette négociation importante, savoir,

La République française, le citoyen François-Barthelemy, son ambassadeur en Suisse;

Et sa majesté catholique, son ministre plénipotentiaire et envoyé extraordinaire près du roi et la république de Pologne, dom Domingo d'Yriarte, chevalier de l'ordre royal de Charles III, etc.

Lesquels après avoir échangé leurs pleins-pouvoirs, ont arrêté les articles suivans:

ARTICLE PREMIER.

Il y aura paix, etc. (1).

Pour copie conforme, délivrée le 21 fructidor, an 3. *Signé* CAMBACÉRÈS, *président;* T. BERLIER, *secrétaire.*

A ces causes, ayant vu et examiné les dix-sept articles susdits, j'ai approuvé et ratifié tout ce qu'ils contiennent, comme en vertu des présentes, je les approuve et les ratifie de tout mon pouvoir dans la forme la meilleure et la plus étendue; promettant sous la foi et la parole de roi, de les observer et accomplir, et de faire qu'on les observe et accomplisse complètement, comme si je les avais signés moi-même.

_____

(1) Le traité se trouve imprimé sous le n.° 486ᵉ; mais le préambule avoit été omis, ainsi que dans le Bulletin des lois, d'après lequel nous faisons toutes nos éditions.

D'après le décret du 10 fructidor, il faut corriger une faute essentielle à l'article XV; au lieu de *roi de Portugal*, lisez *reine de Portugal*.

En foi de quoi, j'ai fait expédier les présentes, signées de ma main, scellées de mon sceau secret, et contresignées par mon conseiller et premier secrétaire d'état et des dépêches.

Donné à Saint-Ildephonse, le 4 août 1795.

Signé YO EL REY.

Contresigné EMMANUEL DE GODOY.

Pour copie conforme, délivrée le 22 fructidor.

Signé CAMBACÉRÈS, président; T. BERLIER, secrétaire.

———————————

2.° *LOI qui ordonne le dépôt aux archives nationales, l'impression, la publication et l'affiche du traité de paix conclu entre la République française et le roi d'Espagne, et des actes de ratification.* B. n.° 178.

D. n.° 1032.

Du 10 Fructidor, an troisième.

La Convention nationale, après avoir entendu la lecture de l'acte de ratification donné le 4 août 1795 (17 thermidor, an troisième de la République française), par le roi d'Espagne, au traité de paix et d'amitié conclu à Bâle, le 4 thermidor dernier, entre l'ambassadeur de la République française près les Cantons helvétiques, et le ministre plénipotentiaire du roi d'Espagne près le roi et la république de Pologne, chargés respectivement de pleins-pouvoirs à cet effet,

Décrète que le traité de paix et d'amitié ci-dessus mentionné, le décret du 14 thermidor dernier, par lequel la Convention nationale l'a ratifié, et l'acte de ratification donné à ce même traité par le roi d'Espagne, seront déposés aux archives nationales, imprimés, solennellement publiés et affichés dans toute l'étendue de la République.

Visé Signé ENJUBAULT.

Collationné. *Signé* MARIE JOSEPH CHÉNIER, *président;*

SOULIGNAC, DERAZEY, *secrétaires.*

———————————

A PARIS, de l'Imprimerie du Dépôt des Lois.

LOI

B. n.° 172.
D. n.° 1032.

Qui ratifie l'article additionnel au traité conclu entre la République française et la régence de Tunis.

Du 28 Thermidor, an troisième de la République française une et indivisible.

L a C o n v e n t i o n n a t i o n a l e, après avoir entendu le rapport de son comité de salut public, ratifie l'article additionnel au traité avec la régence de Tunis, signé le 6 prairial de cette année, par le bey de *Tunis,* et par le citoyen *Devoize,* consul général de la République auprès de cette régence, et autorisé à cet effet par le comité de salut public.

Supplément aux traités entre la France et la régence de Tunis.

Quoique, dans les anciens traités faits entre la France et Tunis, il soit dit que les corsaires de la régence doivent faire leurs courses à l'éloignement de trente milles des côtes de France, cependant, comme cette stipulation est un sujet de discussions fréquentes entre les deux puissances, elles sont convenues de l'abolir; et à l'avenir, les limites de l'immunité, tant pour les armemens de la République française, les armemens tunisiens, que pour leurs ennemis respectifs, sont fixées à la portée du canon des côtes de France et de Barbarie, soit que sur le rivage il y ait des canons, soit qu'il n'y en ait point, excepté dans les golfes de la Goulette et de Port-Farine, où les français ni leurs ennemis ne pourront faire de prises, ni inquiéter en aucune manière la navigation.

L'exécution du présent supplément n'aura son effet qu'après quatre mois, à compter d'aujourd'hui, afin d'avoir le temps d'en prévenir les puissances intéressées.

Fait au palais de Bardo, le 6 prairial, l'an 3.e de la République, une et indivisible, le 25 mai 1795 (*vieux style*).

Le consul général de la République française auprès du bey de *Tunis*. Signé DEVOIZE.

A côté du texte français se trouve le texte arabe, avec la signature du bey.

Visé. Signé *ENJUBAULT* , *LEHAULT*.

Collationné. *Signé* BRÉARD , *ex-président ;* J. T. L. LEMOINE (du Calvados), LE CLERC, G. F. DENTZEL, LAURENCEOT , *secrétaires.*

A PARIS,

DE L'IMPRIMERIE DU DEPOT DES LOIS.

AN IIIe. DE LA REPUBLIQUE FRANÇAISE, UNE ET INDIVISIBLE.

N.° 201.

Au nom de la République française.

B. 54.

N.° 477.

LOI

Contenant ratification du traité de paix conclu le 26 Floréal, an IV, entre la République française et le roi de Sardaigne.

Du 3o Floréal, an quatrième de la République française, une et indivisible.

LE CONSEIL DES ANCIENS, formé en comité général, conformément à l'article 334 de la Constitution, pour délibérer sur la résolution ci-après; adoptant les motifs d'urgence exprimés dans le préambule de cette résolution, approuve l'acte d'urgence.

Suit la teneur de la déclaration d'urgence et de la résolution du 29 Floréal :

Le Conseil des Cinq-cents, formé en comité général pour délibérer conformément à l'article 334 de la Constitution, après avoir examiné le traité de paix conclu à Paris, le 26 floréal de l'an IV, entre le citoyen *Charles Delacroix*, fondé de pouvoir du Directoire exécutif, et les chevaliers *de Revel* et *de Tonso*, fondés de pouvoir du roi de Sardaigne, arrêté et signé par le Directoire exécutif le 28 du même présent mois, soumis le même jour par un message et conformément aux règles constitutionnelles, à l'examen et à la ratification du Corps législatif; dont la teneur suit:

La République française et sa majesté le roi de Sardaigne, également animés du désir de faire succéder une heureuse paix à la guerre qui les divise, ont nommé ; savoir : le Directoire exécutif, au nom de la République française, le citoyen *Charles Delacroix*, ministre des relations extérieures ; et sa majesté le roi de Sardaigne, messieurs les chevaliers *de Revel* et *de Tonso*, pour traiter, en leur nom, des clauses et conditions propres à rétablir et consolider la bonne harmonie entre les deux États ; lesquels, après avoir échangé leurs pleins pouvoirs respectifs, ont arrêté les articles suivans :

A R T I C L E   P R E M I E R.

Il y aura paix, amitié et bon voisinage entre la République française et le roi de Sardaigne. Toutes hostilités cesseront entre les deux puissances, à compter du moment de la signature du présent traité.

II. Le roi de Sardaigne révoque toute adhésion, consentement, ou accession, patente ou secrète, par lui donné à la coalition armée contre la République française, à tout traité d'alliance offensive ou défensive, qu'il pourrait avoir conclu contre elle, avec quelque puissance ou état que ce soit. Il ne fournira aucun contingent en homme ou en argent, à aucune des puissances armées contre la France, à quelque titre et sous quelque dénomination que ce soit.

III. Le roi de Sardaigne renonce purement et simplement, à perpétuité, pour lui, ses successeurs et ayant cause, en faveur de la République française, à tous les droits qu'il pourrait prétendre sur la Savoie, les comtés de Nice, de Tende et de Beuil.

IV. Les limites entre les états du roi de Sardaigne et les départemens de la République française, seront établies sur une ligne déterminée par les points les plus avancés du côté du Piémont, des sommets, plateaux des montagnes et autres lieux ci-après désignés, ainsi que des sommets ou plateaux intermédiaires ; savoir, en commençant au point où se réunissent les frontières du ci-devant Faucigny, duché d'Aoust et du Valais, à l'extrémité des Glacières ou Monts-Maudits : 1°. les sommets ou plateaux des Alpes, au levant du Col-Mayer ; 2°. le petit Saint-Bernard, et l'hôpital qui y est situé ; 3°. les sommets ou plateaux du Mont-Alban, du col de Crisance et du Mont-Isereau ; 4°. en se détournant un peu vers le sud, les sommets ou plateaux de Celst et de Gros-Caval ; 5°. le grand Mont-Cenis, et l'hôpital placé au sud-est du lac qui s'y trouve ; 6°. le petit Mont-Cenis ; 7°. les sommets ou plateaux qui séparent la vallée de Bardonache du Val des Prés ; 8°. le Mont-Genèvre ; 9°. les sommets ou plateaux qui séparent la vallée de Quières de celle des Vaudois ; 10°. le Mont-de-Viso ; 11°. le Col-Maurin ; 12°. le Mont-de-l'Argentière ; 13°.

la source de l'Ubayette et de la Sture ; 14°.. les montagnes qui sont entre les vallées de Sture et de Gesso , d'une part, et celles de Saint-Etienne ou Tinéa , de Saint-Martin ou Vésubia, de Tende ou de Roya, de l'autre part ; 15°. la Roche-Barbon , sur les limites de l'état de Gênes.

Si quelques communes, habitations ou portions de territoire desdites communes, actuellement unies à la République française, se trouvaient placées hors de la ligne de frontière ci-dessus désignée ; elles continueroit à faire partie de la République , sans que l'on puisse tirer contre elles aucune induction du présent article.

V. Le roi de Sardaigne s'engage à ne pas permettre aux émigrés ou déportés de la République française , de s'arrêter ou de séjourner dans ses états : il pourra néanmoins retenir à son service les émigrés seulement des départemens du Mont-Blanc et des Alpes-Maritimes, tant qu'ils ne donneront aucun sujet de plainte par des entreprises ou manœuvres tendant à compromettre la sûreté intérieure de la République.

VI. Le roi de Sardaigne renonce à toute répétition ou action mobiliaire qu'il pourrait prétendre exercer contre la République française , pour des causes antérieures au présent traité.

VII. Il sera conclu incessament entre les deux puissances , un traité de commerce, d'après des bases équitables, et telles, qu'elles assurent à la nation française des avantages au moins égaux à ceux dont jouissent dans les états du roi de Sardaigne les nations les plus favorisées. En attendant, toutes les communications et relations commerciales seront rétablies.

VIII. Le roi de Sardaigne s'oblige à accorder une amnistie pleine et entière à tous ceux de ses sujets qui ont été poursuivis pour leurs opinions politiques : tous procès qui pourraient leur avoir été suscités à ce sujet, ainsi que les jugemens qui y sont intervenus, sont abolis. Tous leurs biens meubles et immeubles, ou le prix d'iceux, s'ils ont été vendus, leur seront restitués sans délai. Il leur sera loisible d'en disposer, de rentrer et demeurer dans les états du roi de Sardaigne, ou de s'en retirer.

IX. La République française et sa majesté le roi de Sardaigne s'engagent à donner main-levée du séquestre de tous effets, revenus ou biens, saisis, confisqués, détenus ou vendus, sur les citoyens ou sujets de l'autre puissance, relativement à la guerre actuelle, et à les admettre respectivement à l'exercice légal des actions ou droits qui pourraient leur appartenir.

X. Tous les prisonniers respectivement faits seront rendus dans un mois à compter de l'échange des ratifications du présent traité, en payant les dettes qu'ils pourraient avoir contractées pendant leur captivité.

A 2

Les malades et blessés continueront d'être soignés dans les hôpitaux respectifs; ils seront rendus aussi-tôt leur guérison.

XI. L'une des puissances contractantes ne pourra accorder passage sur son territoire à des troupes ennemies de l'autre puissance.

XII. Indépendamment des forteresses de Coni, Céva et Tortonne, ainsi que du territoire qu'occupent et doivent occuper les troupes de la République, elles occuperont les forteresses d'Exiles, de l'Assiette, de Suse, de la Brunette, du Château - Dauphin, et d'Alexandrie, à laquelle dernière place Valence sera substituée si le général en chef de l'armée de la République française le préfère.

XIII. Les places et territoires ci-dessus désignés seront restitués au roi de Sardaigne aussi-tôt la conclusion du traité de commerce entre la République et sa majesté, de la paix générale, et de l'établissement de la ligne de frontière.

XIV. Les pays occupés par les troupes de la République et qui doivent être rendus en définitif, rentreront sous le gouvernement civil de sa majesté sarde, mais resteront soumis à la levée des contributions militaires, prestations en vivres et fourrages qui ont été ou pourront être exigées pour les besoins de l'armée française.

XV. Les fortifications d'Exiles, de la Brunette, de Suse, ainsi que les retranchemens formés au-dessus de cette ville, seront démolis et détruits aux frais de sa majesté sarde, à la diligence des commissaires nommés à cet effet par le Directoire exécutif.

Le roi de Sardaigne ne pourra établir ou réparer aucune fortification sur cette partie de la frontière.

XVI. L'artillerie des places occupées et dont la démolition n'est pas stipulée par le présent traité, pourra être employée au service de la République; mais elle sera restituée avec les places et à la même époque à sa majesté Sarde. Les munitions de guerre et de bouche qui s'y trouvent pourront être consommées, sans répétition, pour le service de l'armée républicaine.

XVII. Les troupes françaises jouiront du libre passage dans les états du roi de Sardaigne pour se porter dans l'intérieur de l'Italie et en revenir.

XVIII. Le roi de Sardaigne accepte dès-à-présent la médiation de la République française pour terminer définitivement les différens qui subsistent depuis long-temps entre sa majesté et la République de Gênes, et statuer sur leurs prétentions respectives.

XIX. Conformément à l'article VI du traité conclu à la Haye, le 27 floréal de l'an III, la République batave est comprise dans le présent traité. Il y aura paix et amitié entre elle et le roi de Sardaigne. Toutes choses seront rétablies entre elles sur le pied où elles étaient avant la présente guerre.

XX. Le roi de Sardaigne fera désavouer par son ministre près la République française, les procédés employés envers le dernier ambassadeur de France.

XXI. Le présent traité sera ratifié et les ratifications échangées au plus tard dans un mois, à compter de la signature du présent traité.

Fait et conclu à Paris, le 26 floréal de l'an IV de la République française, une et indivisible, répondant au 15 mai 1796.

Signé CH. DELACROIX; le chevalier DE REVEL, le chevalier TONSO.

Le Directoire exécutif arrête et signe le présent traité de paix avec le roi de Sardaigne, négocié, au nom de la République française, par le ministre des relations extérieures, nommé par le Directoire exécutif, par arrêté du 22 floréal, présent mois, et chargé de ses instructions à cet effet. A Paris, le 28 Floréal, an IV de la République française, une et indivisible.

Signé LE TOURNEUR, REUBELL, CARNOT, P. BARRAS, L. M. RÉVELLIÈRE-LÉPEAUX.

Considérant qu'il est de l'intérêt de l'humanité, et du devoir du législateur, de ne mettre aucun retard à toute mesure qui tend efficacement à rétablir la paix entre la République française et ses ennemis,

Déclare qu'il y a urgence.

Le Conseil des Cinq-cents, après avoir déclaré l'urgence, prend la résolution suivante :

LE traité de paix du 26 Floréal, an IV, conclu entre la République française et le roi de Sardaigne, est ratifié.

La présente résolution, y compris le traité, sera imprimée.

Signé CRASSOUS (de l'Hérault), *président;*
LAPLAIGNE, L. E. BEFFROY, BION, DUPRAT, *secrétaires.*

Après une seconde lecture, le Conseil des Anciens APPROUVE la résolution ci-dessus. Le 30 Floréal, an IV de la République française.

Signé LECOUTEULX-CANTELEU, *président ;*
MARRAGON, DELACOSTE, LARMAGNAC, C. ALEX. YSABEAU, *secrétaires.*

Le Directoire exécutif ordonne que la loi ci-dessus sera publiée, exécutée, et qu'elle sera munie du sceau de la République. Fait au palais national du Directoire exécutif, le premier Prairial, an IV de la République française, une et indivisible.

Pour expédition conforme, signé C A R N O T, président; par le
Directoire exécutif, le secrétaire général, L A G A R D E.

Suit la teneur de la ratification faite par le roi de Sardaigne, le premier Juin 1796 (13 Prairial, an IV), du traité de paix conclu entre lui et la République française.

V I C T O R A M É, par la grace de Dieu, roi de Sardaigne, de Chypre et de Jérusalem, etc. A tous ceux qui ces présentes lettres verront; S A L U T. Comme ainsi soit, que nos chers bien amés et féaux les chevaliers *de Revel* et *Tonso,* nos plénipotentiaires à Paris, auraient, en vertu de nos pleins pouvoirs insérés ci-après, arrêté, conclu et signé dans cette ville, le 15 du courant mois de mai, avec le sieur *Charles Delacroix,* ministre des relations extérieures de la République française, pareillement muni de pleins pouvoirs nécessaires, le traité de paix et d'amitié dont la teneur suit :

L A République française et sa majesté le roi de Sardaigne, également animés du desir, etc.

(Le surplus du traité ainsi qu'il est porté ci-dessus.)

Nous, ayant vu et examiné tous les articles du susdit traité de paix et d'amitié, nous les avons approuvés, confirmés et ratifiés, comme par ces présentes nous les approuvons, confirmons et ratifions, pour nous, nos héritiers et successeurs, en tout et chacun des points qui y sont contenus; promettant, en foi et parole de roi, de les remplir, observer et faire observer inviolablement, sans y contrevenir, ni permettre qu'il y soit contrevenu en aucun temps, directement ou indirectement, sous quelque prétexte que ce soit. En témoin de quoi nous avons signé les présentes de notre main, et fait contre-signer par l'avocat *Ganières,* notre premier officier au département des affaires étrangères, et à icelles fait apposer le sceau secret de nos armes.

Données à Turin, le premier du mois de juin 1796, et de notre règne le vingt-quatrième. *Signé* V. A M É.

Signé G A N I È R E S.

Suit la teneur des pleins pouvoirs du citoyen Charles Delacroix, *ministre des relations extérieures :*

Extraits des registres des délibérations du Directoire exécutif.

Paris, le 22 Floréal, an IV. de la République française, une et indivisible.

LE DIRECTOIRE EXÉCUTIF, après avoir ouï le rapport du ministre des relations extérieures, ARRÈTE ce qui suit :

LE citoyen *Charles Delacroix* est autorisé à traiter avec messieurs les chevaliers de *Revel* et *Tonso*, envoyés extraordinaires du roi de Sardaigne, pour la conclusion de la paix qu'il demande, et ce, sous la médiation du roi d'Espagne, s'il a pris les mesures nécessaires pour intervenir au traité. Le Directoire donne, à cet effet, audit ministre toute autorisation nécessaire. Le projet de traité qu'il a soumis au Directoire est approuvé pour lui servir d'instruction. Il rendra compte successivement des progrès et de l'issue des négociations.

Le présent arrêté ne sera point imprimé.

Pour expédition conforme, *Signé* C A R N O T, *président ;* par le Directoire exécutif, *le secrétaire général* LAGARDE.

Suit la teneur des pleins pouvoirs de messieurs les chevaliers de Revel *et* Tonso, *ministres plénipotentiaires du roi de Sardaigne.*

VICTOR AMÉ, roi de Sardaigne, de Chypre, de Jérusalem, etc. A tous ceux qui ces présentes verront; salut.

Desirant de redonner la paix à nos sujets, et de faire cesser les calamités qu'ils ressentent de cette guerre désastreuse, que les événemens arrivés en France ont malheureusement fait naître contre notre volonté et nos principes pacifiques, non moins que de renouer l'amitié et la bonne correspondance qui subsistaient entre les deux États, nous avons cru ne devoir pas différer de mettre quelqu'un en état de travailler, en notre nom, à la conclusion d'un ouvrage si salutaire. Dans cette vue, nous confiant à la fidélité, zèle et expérience du chevalier de *Revel*, chevalier de l'ordre de Malte, brigadier dans nos armées, et colonel de notre régiment de Nice, et du chevalier *Tonso*, chevalier de notre ordre des Saints-Maurice et Lazare, et directeur général de nos postes, dont ils nous ont donné des preuves dans toutes les occasions; nous les avons nommés, commis et députés, comme par les présentes nous les nommons, commettons et députons, et leur avons donné et donnons plein pouvoir, commission et mandement spécial pour conférer, négocier et traiter avec le ministre ou telle autre personne dûment autorisée par le gouvernement français, munie pareillement de leurs pleins pouvoirs en bonne forme, arrêter, conclure et signer conjointement ou séparément, tels convention, traité ou articles par lesquels on pourra parvenir à établir une bonne paix et sincère réconciliation entre nous et la France, leur donnant pour cet effet plein pouvoir et mandement spécial, et voulant qu'ils agissent, en tout ce qui regardera cette négociation, avec la même autorité que nous ferions on pourrions faire si nous y étions présens en personne, encore qu'il y eût quelque chose qui requît un mandement plus spécial non contenu en ces présentes, promettant, en foi et parole de roi, d'observer et faire observer inviolablement tout ce qui aura été fait, convenu, réglé et signé par lesdits chevaliers *Revel* et *Tonso*, ou par l'un des deux, sans y contrevenir, ni permettre qu'il y soit contrevenu directement ni indirectement, pour quelque cause ou sous quelque prétexte que ce soit, et d'en faire expédier nos lettres de ratification, en bonne forme, pour être échangées dans le terme dont on sera convenu. En témoin de quoi nous avons signé les présentes de notre main, et fait contresigner par D. *Joseph-François-Jérôme Perret*, comte de Hauteville, seigneur de Pruaz et de la Bâtie, chevalier, grand'-croix et commandeur de notre ordre des Saints-Maurice et Lazare, notre conseiller d'état et de finances, et régent de notre département des affaires étrangères, et à icelles fait apposer le sceau secret de nos armes.

Données à Turin, le 29 avril, l'an de grace 1796, et de notre règne le vingt-quatrième. *Signé* V. AMÉ.

Contresigné DE HAUTEVILLE.

Du 30 *Prairial*, *l'an IV de la République française, une et indivisible.*

LA loi du 30 floréal, an IV, portant ratification du traité de paix conclu entre la République française et le roi de Sardaigne, ayant été munie du sceau de la République, et l'échange de cette ratification contre celle ci-dessus du roi de Sardaigne ayant été fait le jour d'hier, le Directoire exécutif ordonne au ministre de la justice de la faire imprimer et publier solennellement dans toute l'étendue de la République.

Pour expédition conforme, *signé* CARNOT, *président*; par le Directoire exécutif, *pour le secrétaire général,* LETOURNEUR.

A PARIS, de l'Imprimerie du Dépot des Lois.

N.º 317.

Au nom de la République française.

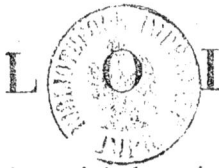

L O I

Contenant ratification du traité de paix conclu le 20 Thermidor, an IV, entre la République française et le duc de Würtemberg et Teck.

Du 28 Thermidor, an IV de la République française, une et indivisible.

LE CONSEIL DES ANCIENS, adoptant les motifs de la déclaration d'urgence qui précède la résolution ci-après, approuve l'acte d'urgence.

Suit la teneur de la déclaration d'urgence et de la résolution du 24 Thermidor :

Le Conseil des Cinq-cents, formé en comité général pour délibérer, conformément à l'article 334 de la Constitution; après avoir examiné le traité de paix conclu à Paris, le 20 thermidor de l'an IV, entre le citoyen *Charles Delacroix*, fondé de pouvoir du Directoire exécutif, et MM. le baron *Charles de Woell-varth* et *Abel*, fondés de pouvoir du duc de Würtemberg et Teck; arrêté et signé, le lendemain 21 thermidor, par le Directoire exécutif; soumis le même jour, par un message et conformément aux règles constitutionnelles, à l'examen et à la ratification du Corps législatif, et dont la teneur suit :

La République française et S. A. S. le duc de Würtemberg et Teck, également animés du desir de mettre fin à la guerre qui les divise, et de rétablir les liaisons de commerce et de bon voisinage qui leur étaient réciproquement avantageuses, ont nommé pour leurs plénipotentiaires; savoir: le Directoire exécutif, au nom de la République française, le citoyen *Charles*

N.º 5.

Delacroix, ministre des relations extérieures ; et S. A. S. le duc de Würtemberg et Teck , MM. le baron *Charels de Woellvarth* , son ministre d'état , et président de sa chambre des finances , et *Abel*, son conseiller de légation ;

Lesquels, après avoir échangé leurs pleins-pouvoirs respectifs, ont arrêté les articles suivans :

ARTICLE PREMIER.

Il y aura paix, amitié et bonne intelligence entre la République française et S. A. S. le duc régnant de Würtemberg et Teck : en conséquence, toutes hostilités cesseront entre les puissances contractantes, à compter de la ratification du présent traité.

II. Le duc de Würtemberg révoque toutes adhésion , consentement, et accession, patente ou secrète, par lui donnée à la coalition armée contre la République française, à tout traité d'alliance, offensive et défensive, qu'il pourrait avoir contracté contre elle. Il ne fournira , à l'avenir , à aucune puissance ennemie de la République, aucun contingent ou secours en hommes, chevaux, vivres, argent, munitions de guerre ou autrement, à quelque titre que ce soit, quand même il en serait requis comme membre de l'Empire germanique.

III. Les troupes de la République française pourront passer librement dans les états de S. A. S. , y séjourner et occuper tous les postes militaires nécessaires à leurs opérations.

IV. S. A. S. le duc de Würtemberg et Teck renonce, en faveur de la République française , pour lui, ses successeurs et ayans-cause, à tous ses droits sur la principauté de Montbelliard , les seigneuries d'Héricourt, de Passavant et autres en dépendantes, le comté d'Horbourg, ainsi que les seigneuries de Riquewic et Ostheim, et lui cède généralement toutes les propriétés, droits et revenus fonciers qu'il possède sur la rive gauche du Rhin, et les arrérages qu'il pourrait réclamer. Il renonce à toute répétion qu'il pourrait faire contre la République pour non-jouissance desdits droits et revenus, et pour toute autre cause , de quelque espèce qu'elle soit, antérieure au présent traité.

V. S. A. S. s'engage à ne point permettre aux émigrés et prêtres déportés de la République française , de séjourner dans ses états.

VI. Il sera conclu incessamment , entre les deux puissances un traité de commerce sur des bases réciproquement avantageuses. En attendant, toutes les relations commerciales seront rétablies telles qu'elles étaient avant la présente guerre.

Toutes les denrées et marchandises provenant du sol, des manufactures, colonies ou pêches françaises, jouiront, dans les états de S. A. S., de la liberté de *transit* et d'entrepôt, en exemption de tous droits, autres que ceux de péage sur les voitures et chevaux.

Les voituriers français seront traités, pour le paiement desdits droits de péage, comme la nation la plus favorisée.

VII. La République française et S. A. S. le duc de Würtemberg s'engagent respectivement à donner main-levée du séquestre de tous effets, revenus ou biens saisis, confisqués, detenus ou vendus sur les citoyens français, d'une part, et sur tous les habitans des duchés de Würtemberg et Teck, de l'autre part, et à les admettre à l'exercice légal des actions et des droits qui peuvent leur appartenir.

VIII. Tous les prisonniers respectivement faits, seront rendus dans un mois, à compter de l'échange des ratifications du présent traité, en payant les dettes qu'ils pourraient avoir contractées pendant leur captivité.

Les malades et blessés continueront d'être soignés dans les hôpitaux respectifs, et seront rendus aussitôt leur guérison.

IX. Conformément à l'article VI du traité conclu à la Haye le 27 floréal de l'an III, le présent traité de paix et d'amitié est déclaré commun avec la République batave.

X. Il sera ratifié, et les ratifications échangées dans un mois, à compter de sa signature, et plutôt si faire se peut.

A Paris, le 20 Thermidor, an IV de la République française, une et indivisible.

Signé CH. DELACROIX, CHARLES, baron de WOELLVARTH; ABEL.

Le Directoire exécutif arrête et signe le présent traité de paix avec le duc de Würtemberg, négocié au nom de la République française, par le ministre des relations extérieures nommé par le Directoire exécutif, par arrêté du 11 thermidor présent mois, et chargé de ses instructions à cet effet. A Paris, le 21 thermidor, an IV de la République française, une et indivisible.

Pour expédition conforme, *signé*, L. M. REVEILLÈRE-LÉPEAUX, *président*; Par le Directoire exécutif, *le secrètaire - général*, LAGARDE.

Considérant qu'il est digne d'une nation loyale et généreuse, après avoir assuré son indépendance et sa liberté, d'accélérer la conclusion définitive de

Traité de paix. N.º 317.   A 2

4

la paix et le rétablissement des relations d'amitié et de bon voisinage entre elle et les autres puissance belligérantes,

Déclare qu'il y a urgence;

Le Conseil, après avoir déclaré l'urgence, prend la résolution suivante :

Le traité de paix du 20 thermidor, an IV, conclu entre la République française et le duc de Würtemberg et Teck, est ratifié.

La présente résolution, y compris le traité, sera imprimée.

Signé BOISSY, *président*;
RUELLE, BARAILON, BORNES, *secrétaires*.

Après une seconde lecture, le Conseil des Anciens APPROUVE la résolution ci-dessus. Le 28 Thermidor, an IV de la République française.

Signé, DUSAULX, *président;*
DURAND-MAILLANE, G. DESGRAVES, DUPONT (de Nemours), *secrétaires.*

Le Directoire exécutif ordonne que la loi ci-dessus sera publiée, exécutée et qu'elle sera munie du sceau de la République. Fait au palais national du Directoire exécutif, le 29 Thermidor, an IV de la République française.

Pour expédition conforme. *Signé* L. M. RÉVEILLÈRE-LÉPEAUX, *président ;* par le Directoire exécutif, *le secrétaire-général*, LAGARDE.

Suit la teneur de la ratification faite par le duc de Würtemberg, *le 22 Août* 1796, (vieux style) *(5 Fructidor, an IV)*, *du traité de paix conclu entre lui et la République française.*

Nous, *Frédéric Eugène*, par la grâce de Dieu, duc de Würtemberg et Teck, etc. faisons savoir à qui il appartiendra, qu'ayant lu et examiné les articles du traité de paix particulière conclu avec la République française, à Paris, le 7 août 1796, par nos plénipotentiaires, le baron de *Woellvarth*, notre ministre d'état, et président de notre chambre des finances, et *Conrad Abel*, notre conseiller de légation, et les ayant trouvés conformes à nos intentions, nous les avons en conséquence acceptés, approuvés, ratifiés et confirmés pour nous et pour nos successeurs, comme nous les acceptons, approuvons, ratifions et confirmons par les présentes ; promettant de les accomplir et observer sincèrement et de bonne foi, et de ne point permettre qu'il y soit contrevenu en quelque manière que ce puisse être. En foi de quoi, nous avons signé de notre main et fait contre-signer les présentes, et y avons fait apposer le sceau de nos armes. Fait à Ansbac, le 22 août 1796. *Signé* FREDERIC EUGÈNE, duc de Würtemberg. ZANG.

Par ordre exprès de S. A. S. *Signé* VELLNAGEL.

Suit la teneur des pleins-pouvoirs du citoyen Charles Delacroix , *ministre des relations extérieures :*

Extrait des registres des délibérations du Directoire exécutif.

Paris , le 11 Thermidor , an IV.

Le Directoire exécutif, après avoir ouï le rapport du ministre des relations extérieures , arrête :

Le citoyen Charles Delacroix, ministre des relations extérieures, est autorisé à négocier avec MM. le baron *Charles de Woellvarth* et *Abel*, envoyés extraordinaires et plénipotentiaires de S. A. S. le duc de Würtemberg et Teck , à conclure et signer avec eux un traité de paix particulière , en se conformant aux instructions qui lui ont été et seront données : le Directoire lui donne , à cet effet, les pouvoirs nécessaires. Il rendra compte successivement du progrès et de l'issue des négociations.

Le présent arrêté ne sera point imprimé quant à présent.

Pour expédition conforme. *Signé* L. M. Revellière-Lépeaux, *président ;* par le Directoire exécutif, *le secrétaire général* Lagarde.

Suit la teneur des pleins-pouvoirs de MM. le baron Charles de Woellvarth *et* Abel , *envoyés extraordinaires du duc* de Würtemberg.

Nous, *Frédéric Eugène,* par la grace de Dieu, duc régnant de Würtemberg et Teck , savoir faisons à tous ceux qu'il appartiendra , qu'animés du desir de mettre fin à la guerre par une paix solide avec la République française , nous chargeons , par la présente, notre ministre d'état et président de la chambre des finances , le baron *Charles de Woellvarth*, et notre conseiller de légation, *Abel*, d'entrer sans délai, en vertu des instructions que nous leur avons données, avec le Directoire de la République ou avec tel ou tels qui y seront autorisés de sa part, en négociation, et de conclure, sauf notre ratification , une paix particulière avec la France.

En foi de quoi, nous avons signé les présens pleins-pouvoirs de notre main , et y avons fait apposer notre sceau. Fait à Stutgard , le 30 juin 1796. *Signé* Frédéric Eugène , duc de Würtemberg.

La loi du 28 Thermidor, an IV, portant ratification du traité de paix conclu entre la République française et le duc de Würtemberg, ayant été munie du sceau de la République, et l'échange de cette ratification contre celle ci-dessus du Duc de Würtemberg ayant été fait, le Directoire exécutif ordonne au ministre de la justice, de la faire imprimer, et solennellement publier dans toute l'étendue de la République.

Fait au palais national du Directoire exécutif, le 7 Vendémiaire, an V de la République française, une et indivisible.

Pour expédition conforme, *signé* L. M. REVEILLÈRE-LÉPEAUX, *président ;* par le Directoire exécutif, *le secrétaire général* LAGARDE.

À PARIS,

DE L'IMPRIMERIE DU DÉPOT DES LOIS,

place du Carrouzel.

Au nom de la République française.

L O I

*Portant ratification du traité de paix conclu entre la Répu-
blique française et le margrave de Bade.*

Du 14 Fructidor an IV de la République française, une et indivisible.

LE CONSEIL DES ANCIENS, adoptant les motifs de la déclaration d'urgence
qui précède la résolution ci-après, approuve l'acte d'urgence.

*Suit la teneur de la Déclaration d'urgence et de la Résolution du 10
Fructidor :*

Le Conseil des Cinq-cents, formé en comité général pour délibérer conformément à l'article 334 de la constitution; après avoir examiné le traité
de paix conclu à Paris, le 5 fructidor de l'an IV, entre le citoyen *Charles
Delacroix*, fondé de pouvoirs du Directoire exécutif, et M. le baron *de Reitzenstein*, fondé de pouvoirs de son altesse sérénissime le margrave de Bade ;
arrêté et signé par le Directoire exécutif le 8 du même mois, soumis le
même jour par un message, et conformément aux règles de la constitution,
à l'examen et à la ratification du Corps législatif; dont la teneur suit :

La République française et S. A. S. le margrave de Bade, désirant rétablir
entre les deux Etats les rapports d'amitié et de bon voisinage qui ont existé
entre eux avant la présente guerre, ont nommé pour leurs plénipotentiaires,
savoir, le Directoire exécutif, au nom de la République française, le citoyen
Charles Delacroix, ministre des relations extérieures, et S. A. S. le mar-

No. 15.   A

grave de Bade, M. le baron *Reitzenstein*, son chambellan et grand-bailly de Lorrach ; lesquels, après avoir échangé leurs pleins-pouvoirs respectifs, ont arrêté les articles suivans :

ARTICLE PREMIER.

Il y aura paix, amitié et bonne intelligence entre la république française et S. A. S. le margrave de Bade : en conséquence, toutes hostilités cesseront entre les puissances contractantes, à compter de la ratification du présent traité.

II. Le margrave de Bade révoque toute adhésion, consentement et accession patente ou secrète, par lui donnés à la coalition armée contre la République française, à tout traité d'alliance offensive et défensive qu'il pourrait avoir contractée contre elle. Il ne fournira à l'avenir, à aucune puissance ennemie de ladite République, aucun contingent ou secours en hommes, chevaux, vivres, argent, munitions de guerre ou autrement; à quelque titre que ce soit, quand même il en serait requis comme membre de l'empire germanique.

III. Les troupes de la République pourront passer librement dans les Etats de S· A. S, y séjourner et occuper tous les postes militaires nécessaires à leurs opérations.

IV. S. A. S. le margrave de Bade, pour lui ses successeurs et ayant-cause, cède à la République française tous les droits qui peuvent lui appartenir sur les seigneuries de Rode-Machern et Hespringen dans le ci-devant duché de Luxembourg, la portion à lui appartenant dans le comté de Sponheim, et ses droits sur l'autre portion, la seigneurie de Grevenstein, les bailliages de Benheim et de Rhod, et généralement tous les territoires, droits et revenus qu'il possédoit ou prétendait avoir droit de posséder sur la rive gauche du Rhin. Il renonce à toutes répétitions contre la République pour les arrérages desdits droits et revenus, et pour toute autre cause antérieure au présent traité.

V. S. A. S. le margrave régnant de Bade, tant en son nom qu'au nom de ses deux fils les princes *Frédéric* et *Louis de Bade*, pour lesquels il se porte fort, cède et abandonne avec toute garantie à la République française, les deux tiers de la terre de Kutzenhausen, située dans la ci-devant Alsace, avec tous les droits et revenus en dépendans, ensemble les arrérages desdits droits et revenus qui pourraient rester dûs, renonçant à toutes répétitions contre la République pour raison d'iceux et pour toute cause antérieure au présent traité.

VI. S. A. S. le margrave de Bade cède également, pour lui, ses successeurs et ayant-cause, à la république française, toutes les îles du Rhin qui peuvent lui appartenir, tous les droits qu'il peut prétendre sur lesdites îles ainsi que sur le cours et les différens bras de ce fleuve, et notamment ceux de péage, haut domaine, seigneurie directe, justice civile, criminelle ou de police.

Ne seront pas compris sous la dénomination des différens bras du Rhin, les petits découlemens et les eaux mortes ou stagnantes laissées par suite de débordemens de l'ancien cours du fleuve, et connus aux riverains sous le nom de *Alt-wasser*, *Alt-Rhin* ou *Vieux-Rhin*.

VII. Il sera libre à chacune des parties contractantes, de faire exécuter les travaux de digues qu'elle jugera nécessaires à la conservation de son territoire, de manière cependant à ne pas nuire au territoire de la rive opposée. Toutes les contestations qui pourraient s'élever sur cet objet ainsi que sur l'établissement et la conservation du chemin de halage, seront décidées, non par voie judiciaire, mais de gouvernement à gouvernement.

VIII. S. A. S. s'engage à laisser et faire laisser sur la rive droite du Rhin un espace de 36 pieds de largeur, pour servir de chemin de halage dans les parties navigables ou qui pourraient le devenir : ce chemin sera débarrassé de ce qui pourrait nuire à son usage. Il est néanmoins convenu que les maisons existantes sur l'emplacement qu'il doit occuper, et qui seraient nécessaires à sa continuité, ne pourront être démolies sans qu'il soit payé au propriétaire une juste et préalable indemnité.

IX. La poursuite des délits relatifs à la navigation, qui pourraient être commis sur ledit chemin de halage, appartiendra à la république française.

X. Les portions de ce chemin ainsi que des îles de ce fleuve, qui étaient possédées à titre singulier par S. A. S., ou qui appartenaient à des corps ou communautés ecclésiastiques, sont cédées, sans aucune réserve, à la République. Les communautés laïques et les particuliers continueront à jouir, sous la souveraineté de la République, des portions qu'ils possédaient : il est néanmoins convenu que ladite souveraineté ne s'exercera pas sur les maisons dépendantes du margraviat qui seront jugées nécessaires pour la continuité du chemin de halage, mais seulement sur leur emplacement, après qu'elles auront été démolies en exécution de l'article VIII.

XI. La navigation du fleuve sera libre aux citoyens et sujets des deux puissances contractantes.

XII. Les péages perçus sur la partie du fleuve du Rhin qui coule entre

A 2

4

les états des parties contractantes , sont abolis à perpétuité : il n'en sera point établi à l'avenir sur le lit naturel du fleuve.

XIII. Les stipulations portées dans les précédens traités entre la France d'une part , et S. A. S. le margrave de Bade, ou l'empereur et l'empire, de l'autre part , relatives au cours du Rhin, à la navigation de ce fleuve , aux travaux à faire pour la conservation de son lit et de ses bords , continueront d'être exécutées en ce qui n'est pas contraire au présent traité.

XIV· S. A. S. s'engage à ne point permettre aux émigrés et prêtres déportés de la République française, de séjourner dans ses états.

XV. Il sera conclu incessamment, entre les deux puissances, un traité de commerce sur les bases réciproquement avantageuses : en attendant , toutes relations commerciales seront rétablies telles qu'elles étaient avant la présente guerre.

Toutes les denrées et marchandises provenant du sol, des manufactures, colonies ou pêches françaises , jouiront dans les états de S. A. S. de la liberté du *transit* et d'entrepôt , en exemption de tous droits autres que ceux de péage sur les voitures et chevaux.

Les voituriers français seront traités , pour le paiement desdits droits de péage , comme la nation la plus favorisée.

XXI. La République française et S. A. S. le margrave de Bade s'engagent respectivement à donner main-levée du séquestre de tous effets, revenus ou bien saisis, confisqués, détenus ou vendus sur les citoyens français d'une part, et de l'autre sur les habitans du margraviat de Bade , et à les admettre à l'exercice légal des actions et droits qui peuvent leur appartenir.

XVII. Tous les prisonniers respectivement faits seront rendus dans un mois, à compter de l'échange des ratifications du présent traité, en payant les dettes qu'ils pourraient avoir contractées pendant leur captivité. Les malades et blessés continueront d'être soignés dans les hôpitaux respectifs ; ils seront rendus aussitôt leur guérison.

XVIII. Conformément à l'article VI du traité conclu à la Haye le 27 floréal de l'an III , le présent traité de paix et d'amitié est déclaré commun avec la république batave.

XIX. Il sera ratifié , et les ratifications échangées à Paris , dans un mois, à compter de la signature , et plutôt si faire se peut.

Paris , le 5 fructidor de l'an IV de la République française, une et indivisible.

Signé CH. DELACROIX ; SIGISMOND-CHARLES-JEAN , baron de REITZENSTEIN.

Le Directoire exécutif arrête et signe le présent traité de paix avec le margrave de Bade, négocié au nom de la république française par le ministre des relations extérieures, nommé par le Directoire exécutif par arrêté du 28 thermidor dernier, et chargé de ses instructions à cet effet. A Paris, ce 8 fructidor, an IV. de la République française, une et indivisible.

Pour expédition conforme : *Signé* L. M. Révellière-Lépeaux, *président ;*
par le Directoire exécutif, *le secrétaire général*, Lagarde.

Considérant qu'il est de l'intérêt de l'humanité et du devoir du législateur de ne mettre aucun retard à toute mesure qui tend efficacement à rétablir la paix entre la République française et ses ennemis,
Déclare qu'il y a urgence.
Le Conseil des Cinq-cents, après avoir déclaré l'urgence, prend la résolution suivante :

Le traité de paix du 5 fructidor de l'an IV, conclu à Paris entre la République française et le margrave de Bade, est ratifié.
La présente résolution, y compris le traité, sera imprimé.

Signé Emm. Pastoret, *président ;*
Ozun, Bourdon, Peyre, Noaille, *secrétaires.*

Après une seconde lecture, le Conseil des Anciens approuve la Résolution ci-dessus. Le 14 Fructidor an IV de la République française.

Signé Muraire, *président ;*
Pecheur, Fourcade, Ferroux, *secrétaires.*

Le Directoire exécutif ordonne que la loi ci-dessus sera publiée, exécutée, et qu'elle sera munie du sceau de la République. Fait au palais national du Directoire exécutif, le 15 Fructidor an IV de la République française, une et indivisible.

Pour expédition conforme, *signé* L. M. Révellière-Lépeaux, *président ;*
par le Directoire exécutif, *le secrétaire-général*, Lagarde.

Suit la teneur de la ratification du margrave de Bade :

Nous, *Charles-Frédéric*, par la grâce de Dieu, margrave de Bade et Hochberg, landgrave de Sausenberg, comte de Sponheim et d'Eberstein, seigneur de Rocteln, Badenwiller, Lahr-Mahlberget, de Kell, etc. etc., faisons savoir à tous et à chacun à qui il appartient, qu'en vertu des pleins-pouvoirs donnés de la part du directoire exécutif, au nom de la République française, au citoyen *Charles Delacroix*, ministre des relations extérieures, et de notre part au baron *Sigismond-Charles-Jean de Reitzenstein*, il a été conclu et signé à Paris, le 5 fructidor (22 août de l'année 1796), un traité de paix entre la République française et nous, dont la teneur est insérée ici mot pour mot, ainsi qu'il suit :

« La République française et S. A. S. le margrave de Bade, desirant réta-
» blir entre les deux Etats les rapports d'amitié, etc. etc. etc.

(*Voyez* la loi qui précède.)

Après avoir signé le susdit traité de paix, nous le confirmons et ratifions par ces présentes, de la manière la plus solemnelle, pour nous, nos héritiers, successeurs et ayant-cause.

En foi de quoi nous avons signé cette ratification de notre propre main, et y avons fait apposer notre sceau.

Donné à Carlsrouhe, le 26 octobre 1797 (5 brumaire an VI).

Signé CHARLES-FRÉDÉRIC, margrave de Baden.

Visé, *signé* baron D'EDELSHEIM.

Par monseigneur, *signé* MULLER.

Du 6 Nivose an VI de la République française, une et indivisible.

La loi du 14 fructidor an IV, portant ratification du traité de paix conclu entre la République française et le margrave de Bade, ayant été munie du sceau de la République, et l'échange des ratifications respectives dudit traité ayant été fait le 25 frimaire dernier, le Directoire exécutif ordonne au ministre de la justice de le faire imprimer, et solemnellement publier dans toute l'étendue de la République.

Pour expédition conforme, délivrée le 6 Nivose an VI de la République française, *Signé* P. BARRAS, *président ;* par le Directoire exécutif, LAGARDE; *et scellé du sceau de la République.*

A PARIS, de l'Imprimerie du Dépôt des Lois, place du Carrousel.

Et se trouve dans les villes chef-lieux de Département, au bureau de correspondance du Dépôt des Lois.

Au nom de la République française.

L O I

Contenant ratification du traité d'alliance offensive et défensive entre la République française et le roi d'Espagne.

Du 26 Fructidor an IV de la République une et indivisible.

LE CONSEIL DES ANCIENS, adoptant les motifs de la déclaration d'urgence qui précède la résolution ci-après, approuve l'acte d'urgence.

Suit la teneur de la déclaration d'urgence et de la résolution du 16 Fructidor:

Le Conseil des Cinq-cents, formé en comité général pour délibérer, conformément à l'article 334 de la constitution;

Après avoir examiné le traité d'alliance offensive et défensive conclu le 2 du présent mois de fructidor, avec sa majesté catholique le roi d'Espagne, négocié au nom de la République française, par le citoyen Pérignon, fondé de pouvoirs du Directoire exécutif par arrêté du 20 messidor dernier, et au nom de sa majesté catholique, par le prince *de la Paz*, fondé de pleins pouvoirs; signé à Aranjuez, le 7 juin 1796 *(vieux style)*, et à Paris, par arrêté du Directoire exécutif, du 12 fructidor présent mois, et soumis le même jour. par message, conformément aux règles constitutionnelles, à l'examen et à la ratification du Corps législatif, dont la teneur suit:

El Directorio executivo de la Republica francesa y su majestad catolica el Le Directoire exécutif de la République française et sa majesté catholique le roi

N°. 15.   A

rey de España, animados del deseo de estrechar los lazos de la amistad y buena inteligencia que restableció felicemente entre Francia y España el tratado de paz concluido en Basilea el 4 thermidor, año 3 de la Republica (22 de julio de 1795), han resuelto hacer un tratado de alianza ofensiva y defensiva, comprehensivo de todo sus lo que interesa á las ventajas y defensa comun de las dos naciones, y han encargado esta negociacion importante y dado sus plenos poderes para ella; á saber: el Directorio executivo de la Republica francesa, al ciudadano Domingo-Catalina Perignon, general de division de los exercitos de la misma Republica, y su embaxador cerca de su magestad catolica el rey de España, al excelentissimo Sor D.n Manuel de Godoy y Alvares de Faria, Rios, Sanchez, Zarzosa, principe de la Paz, duque de la Alcudia, señor del soto de Roma y del estado de Alba, grande de España de primera clase, regidor perpetuo de la ciudad de San-Iago, cavallero de la insigne orden del Tuson de Oro, gran-cruz de la real y distinguida española de Carlos III, comendador de Valencia, del Ventoso, Rivera y Acenchal en la de San-Iago, cavallero gran-cruz de la religion de San-Juan, consejero de estado, primer secretario de estado y del despacho, secretario de la reyna, superintendente general de correos y caminos, protector de la real academia de las nobles artes y de los reales gavinete de historia natural, jardin botanico, laboratorio chimico y observatorio astro-

d'Espagne, animés du desir de resserrer les nœuds de l'amitié et de la bonne intelligence heureusement rétablies entre la France et l'Espagne par le traité de paix conclu à Bâle le 4 thermidor an III de la République (22 juillet 1795), ont résolu de former un traité d'alliance offensive et défensive pour tout ce qui concerne les avantages et la commune défense des deux nations, et ils ont chargé de cette négociation importante et donné leurs pleins pouvoirs; savoir, le Directoire exécutif de la République française, au citoyen Dominique Catherine Pérignon, général de division des armées de la République, et son ambassadeur près sa majesté catholique le roi d'Espagne; et sa majesté catholique le roi d'Espagne, à son excellence don Manuel de Godoy et Alvarez de Faria, Rios, Sanchez, Zarzosa, prince de la Paz, duc de la Alcudia, seigneur del soto de Roma et de l'état d'Alba, grand d'Espagne de la première classe, régidor perpétuel de la ville de Sant-Iago, chevalier de l'ordre de la toison d'or, grand-croix de celui de Charles III, commandant de Valencia, del Ventoso, Rivera et Acenchal dans celui de Saint-Jacques; chevalier grand-croix de l'ordre de Malthe, conseiller d'état, premier secrétaire d'état et de dépêches, secrétaire de la reine, surintendant des postes et des routes, protecteur de l'académie royale des beaux arts et du cabinet royal d'histoire naturelle, du jardin de botanique, du laboratoire de chimie, de l'observatoire astronomique; gentilhomme de la chambre du roi en exercice, capitaine

nòmico , gentilhombre de camara con exercio , capitan general de los reales exercitos , inspector y sargento mayor del real cuerpo de guardias de corps ;

Losquales despues de la communicacion y cambio respectivo de sus plenos poderes de que se inserta copia al fin del presente tratado , han convenido en los articulos siguientes :

ART. PRIMO.

Havrá perpetuamente una alianza ofensiva y defensiva entre la Republica francesa y su magestad catolica el rey de Espana.

II. Las dos potencias contratantes se garantiran mutuamente , sin reserva ni excepcion alguna , y en la forma mas autentica y absoluta , todos los estados , territorios , islas y plazas que poséen y póseeran respectivamente ; y si una de las dos se viése en lo successivo amenazada ó atacada bajo qualquier prétexto que sea, la otra promete , se empena y obliga á auxiliarla con sus buenos oficios , y á socorrerla luego que sea requerida , segun se estipulará en los articulos siguientes.

III. En el termino de tres meses, contados desde el momento de la requisicion, la potencia requerida tendrá prontos y á la disposicion de la potencia demandante, quince navios de linea , tres de ellos de tres ponentes ó de ochenta canones , y doce de setenta á setenta y dos ; seis fregatas de una fuerza correspondiente ; y quatro corbetas ó buques ligeros , todos equipados , armados , provistos de viveres

général de ses armées , inspecteur et major des gardes du corps;

Lesquels, après la communication et l'échange respectifs de leurs pleins pouvoirs, dont copie est à la fin du présent traité, sont convenus des articles suivans :

ART. PREMIER.

Il existera à perpétuité une alliance offensive et défensive entre la République française et sa majesté catholique le roi d'Espagne.

II. Les deux puissances contractantes seront mutuellement garantes, sans aucune réserve ni exception, et de la manière la plus authentique et la plus absolue, de tous les états, territoires, îles et places qu'elles possèdent et posséderont respectivement; et si l'une des deux se trouve par la suite, sous quelque prétexte que ce soit, menacée ou attaquée, l'autre promet, s'engage et s'oblige à l'aider de ses bons offices, et à la secourir sur sa réquisition, ainsi qu'il sera stipulé dans les articles suivans.

III. Dans l'espace de trois mois, à compter du moment de la réquisition, la puissance requise tiendra prêt et mettra à la disposition de la puissance requérante, quinze vaisseaux de ligne, dont trois à trois ponts ou de quatre-vingt canons, et douze de soixante-dix à soixante-douze; six frégates d'une force proportionnée, et quatre corvettes ou bâtimens légers, tous équipés, armés, ap-

para seis meses, y de aparejos para un ano. La potencia requérida reunirá estas fuerzas navales en el puerto de sus dominios que húbiere senalado la petencia demandante.

IV. En el caso de que, para principiar las hostilidades, juzgare à proposito la potencia demandante exigir solo la mitad del socorro que debe darsele en virtud del articulo anterior, podrá la misma potencia, en todas las epocas de la campana, pedir la otra mitad de dicho socorro, que se le subministrará del modo y dentro del plazo senalado. Y este plazo se entenderá contado desde la nueva requisicion.

V. La potencia requerida aprontará igualmente en virtud de la requisicion de la patencia demandante, en el mismo termino de tres messes, contados desde el momento de dicha requisicion, dies y ocho mil hombres de infanteria y seis mil de cavalleria, con un tren de artilleria proporcionado, cuyas fuerzas se emplearan unicamente en Europa, ó en defensa de las colonias que poséen las partes contratantes en el golfo de Mexico.

VI. La potencia demandante tendrá facultad de enviar uno ó mas comisarios á fin de asegurarse si la potencia requerida, con arreglo á los articulos antecedentes, se ha puesto en estado de entrar en campana en el dia senalado, con las fuerzas de mar y tierra estipuladas en los mismos articulos.

VII. Estos socorros se pondran enteramente á la disposicion de la potencia demandante, bien para que los reserve en

provisionnés de vivres pour six mois, et appareillés pour un an. Ces forces navales seront rassemblées, par la puissance réquise, dans celui de ses ports qui aura été désigné par la puissance requérante.

IV. Dans le cas où la puissance requérante aurait jugé à propos, pour commencer les hostilités, de restreindre à moitié le secours qui doit lui être donné en exécution de l'article précédent, elle pourra, à toutes les époques de la campagne, requérir la seconde moitié dudit secours, laquelle lui sera fournie de la manière et dans le délai fixés. Ce délai ne courra qu'à compter de la nouvelle réquisition.

V. La puissance requise mettra pareillement à la réquisition de la puissance requérante, dans le terme de trois mois à compter du moment de la réquisition, dix-huit mille hommes d'infanterie et six mille de cavalerie, avec un train d'artillerie proportionné, pour être employés seulement en Europe, ou à la défense des colonies que les puissances contractantes possèdent dans le golfe du Mexique.

VI. La puissance requérante aura la faculté d'envoyer un ou plusieurs commissaires à l'effet de s'assurer si, conformément aux articles précédens, la puissance requise s'est mise en état d'entrer en campagne au jour fixé, avec les forces de terre et de mer qui y sont stipulées.

VII. Ces secours seront entièrement remis à la disposition de la puissance requérante, qui pourra les laisser dans les

los puertos ó en el territorio de la potencia requerida, bien para que los emplée en las expeditiones que le parezca conveniente emprehender, sin que esté obligada á dar cuenta de los motivos que la determinen á ellas.

VIII. La requisicion que haga una de las potencias de los socorros estipulados en los articulos anteriores, bastará para probar la necesidad que tiene de ellos, y para imponer á la otra potencia la obligacion de aprontarlos; sin que sea preciso entrar en discusion alguna de si la guerra que se propone hazer, es ofensiva ó defensiva, ó sin que se pueda pedir ningun genero de explicacion dirigido á eludir el mas pronto y mas exacto cumplimiento de lo estibulado.

IX. Las tropas y navios que pida la potencia demandante quederan á su disposicion mientras dure la guerra, sin que an ningun caso puedan serle gravosas. La potencia requerida deberá cuidar de su manutencion en todos los parages donde su aliada las hiciése servir, como si las emplease directamente por si misma; y solo se ha convenido que durante todo el tiempo que dichas tropas ó navios permaneciésen dentro del territorio ó en los puertos de la potencia demandante, deberá esta franquear de sus almacenes ó arsenales todo lo que necesiten, del mismo modo y á los mismos precios que si fuésen sus propias tropas ó navios.

X. La potencia requerida remplazará al instante los navios de su contingente que perecésen por los accidentes de la

ports ou sur le territoire de la puissance requise, ou les employer aux expéditions qu'elle jugerait à propos d'entreprendre, sans être tenue de rendre compte des motifs qui l'auraient déterminée.

VIII. La demande que fera l'une des puissances, des secours stipulés par les articles précédens, suffira pour prouver le besoin qu'elle en a, et imposera à l'autre puissance l'obligation de les disposer, sans qu'il soit nécessaire d'entrer dans aucune discussion relative à la question si la guerre qu'elle se propose est offensive ou défensive, ou sans qu'on puisse demander aucune explication quelconque qui tendrait à éluder le plus prompt et le plus exact accomplissement de ce qui est stipulé.

IX. Les troupes et navires demandés resteront à la disposition de la puissance requérante, pendant toute la durée de la guerre, sans que, dans aucun cas, elles puissent être à sa charge. La puissance requise les entretiendra par-tout où son alliée les fera agir, comme si elle les employait directement pour elle-même. Il est seulement convenu que pendant tout le temps que lesdites troupes ou navires séjourneront sur son territoire ou dans ses ports, elle leur fournira, de ses magasins ou arsenaux, tout ce qui leur sera nécessaire, de la même manière et au même prix qu'à ses propres troupes ou navires.

X. La puissance requise remplacera sur-le-champ les navires de son contingent qui se perdraient par des accidens

guerra ó del mar, y reparará tambien las perdidas que sufriésen las tropas que huviére subministrado.

XI. Si fuésen ó llegasen á ser insuficiéntes dichos socorros, las dos potencias contratantes pondran en movimiento las mayores fuerzas que les sea possible asi de mar come de tierra, contra el enemigo de la potencia atacada; la qual usará de dichas fuerzas, bien combinandolas, bien haziendolas obrar separadamente; pero todo conforme à un plan concertado entre ambas.

XII. Los socorros estipulados en los articulos antecedentes, se subministraran en todas las guerras que las potencias contratantes se viésen obligadas á sostener, aun en aquellas en que la parte requerida no tuviése interes directo, y solo obrase como puramente auxiliar.

XIII. Quando las dos partes llegasen á declarar la guerra de comun acuerdo à una ó mas potencias por que las causas de las hostilidades fuésen perjudiciales á ambas, no tendran efecto las limitaciones prescritas en los articulos anteriores; y las dos potencias contratantes deberan emplear contra el enemigo comun todas sus fuerzas de mar y tierra, y concertar sus planes para dirigirlas acia los puntos mas convenientes, bien separandolas, ó bien uniendolas.

Igualmente se obligan, en el caso expresado en el presente articulo, á no tratar de paz sino de comun acuerdo y de manera que cada una de ellas obtenga la satisfaccion debida.

de guerre ou de mer; elle réparera également les pertes que souffriraient les troupes de son contingent.

XI. Si lesdits secours étaient ou devenaient insuffisans, les deux puissances contractantes mettront en activité les plus grandes forces qu'il leur sera possible, tant par mer que par terre, contre l'ennemi de la puissance attaquée, laquelle usera desdites forces, soit en les combinant, soit en les faisant agir séparément, et ce, d'après un plan concerté entre elles.

XII. Les secours stipulés par les articles précédens, seront fournis dans toutes les guerres que pourraient avoir à soutenir les puissances contractantes, même dans celles où la partie requise ne serait pas directement intéressée, et n'agirait que comme simple auxiliaire.

XIII. Dans le cas où les motifs d'hostilités portant préjudice aux deux parties, elles viendraient à déclarer la guerre, d'un commun accord, à une ou plusieurs puissances, les limitations établies dans les articles précédens cesseront d'avoir lieu; et les deux puissances contractantes seront tenues de faire agir contre l'ennemi commun, la totalité de leurs forces de terre et de mer, de concerter leurs plans pour les diriger vers les points les plus convenables, ou séparément, ou en les réunissant.

Elles s'obligent également, dans les cas désignés au présent article; à ne traiter de la paix que d'un commun accord, et de manière que chacune d'elles obtienne la satisfaction qui lui sera dûe.

XIV. En el caso de que una de la dos potencias ne obrase sino como auxiliar, la potencia solamente atacada podrá tratar por si de paz, pero de modo que de esto no resulte ningun perjuicio á la auxiliar, y que antes bien redunde en lo posible en beneficio directo suyo; á cuyo fin se enterará á la potencia auxiliar del modo y tiempo convenido para abrir y seguir las negociaciones.

XV. Se ajustará mui en breve un tratado de comercio fundado en principios de equidád y utilidád reciproca á las dos naciones, que asegure á cada una de ellas en el pais de su aliada una preferencia especial á los productos de su suelo y á sus manufacturas: ó á los menos ventajas iguales á las que gozan en los estados respectivos las naciones mas favoridas. Las dos potencias se obligan desde aora á hazer causa comun, así para reprimir y destruir las maximas adoptadas por qualquier pais que sea, que se opongan á sus principios actuales y violen la sègúridad del pavellon neutral y el respecto que se le debe, como para restablecer y prever el sistema colonial de la Espana sobre el pie en que ha estado ó debido estar segun los tratados.

XVI. Se arreglará y deci dirá, al mismo tiempo, el caracter y jurisdiccion de los consules por medio de una convencion particular; y las anteriores al presente tratado se executaran interinamente.

XIV. Dans le cas où l'une des puissances n'agirait que comme auxiliaire, la puissance qui se trouvera seule attaquée pourra traiter de paix séparément, mais de manière à ce qu'il n'en résulte aucun préjudice contre la puissance auxiliaire, et qu'elle tourne même, autant qu'il sera possible, à son avantage direct. A cet effet, il sera donné connaissance à la puissance auxiliaire, du mode et du temps convenus pour l'ouverture et la suite des négociations.

XV. Il sera conclu très-incessamment un traité de commerce, d'après des bases équitables et réciproquement avantageuses aux deux peuples, qui assure à chacun d'eux, chez son allié, une préférence marquée pour les produits de son sol et de ses manufactures; ou tout au moins des avantages égaux à ceux dont jouissent, dans les États respectifs, les nations les plus favorisées. Les deux puissances s'engagent à faire, dès-à-présent, cause commune pour réprimer et anéantir les maximes adoptées par quelque pays que ce soit, qui contrarieraient leurs principes actuels, et porteraient atteinte à la sûreté du pavillon neutre et au respect qui lui est dû, ainsi que pour relever et rétablir le système colonial de l'Espagne sur le pied où il a existé ou dû exister d'après les traités.

XVI. Le caractère et la juridiction des consuls seront en même temps reconnus et réglés par une convention particulière: celles antérieures au présent traité, seront provisoirement exécutées.

Traité d'alliance, etc. avec le roi d'Espagne. N.° 355.   A. 4

XVII. Al fin de évitar todo motivo de contestacion entre las dos potencias, se han convenido que tratáran, imediatamente y sin dilacion, de explicar y aclarar el articulo VII del tratado de Basilea, relativo á los limites de sus fronteras, segun las instrucciones, planes y memorias que se comunicaran por medio de los mismos plenipotenciarios que negocian el presente tratado.

XVIII. Siendo la Inglaterra la unica potencia de quien la Espana ha recibido agravios directos, la presente alianza solo tendrá efecto contra ella en la guerra actual; y la Espaná permanecera neutral respecto a los demas potencias que estan en guerra con la Republica.

XIX. El cange de las ratificaciones del presente tratado se hará an el termino de un mes, contado desde el dia en que se firme.

Fecho en San-Ildefonso, á dos de Fructidor, ano quarto de la República, una é indivisible (18 de Agosto 1796).

F.o PERIGNON; el principe DE LA PAZ.

XVII. Pour éviter toute contestation entre les deux puissances, elles sont convenues de s'occuper immédiatement, et sans délai, de l'explication et du du développement de l'article VII du traité de Bâle, concernant les frontières, d'après les instructions, plans et mémoires qu'elles se communiqueront par l'entremise des mêmes plénipotiaires qui négocient le présent traité.

XVIII. L'Angleterre étant la seule puissance contre laquelle l'Espagne ait des griefs directs, la présente alliance n'aura son exécution que contre elle pendant la guerre actuelle; et l'Espagne restera neutre à l'égard des autres puissances armées contre la République.

XIX. Les ratifications du présent traité seront échangées dans un mois, à compter de sa signature.

Fait à Saint-Ildefonse, le 2 Fructidor an IV de la République une et indivisible.

Signé PÉRIGNON; el Principe DE LA PAZ.

C O P I E D E S P O U V O I R S.

EXTRAIT des registres des délibérations du Directoire exécutif; Paris, le 20 Messidor, l'an IV de la République française, une et indivisible.

Le Directoire exécutif, après avoir ouï le rapport du ministre des relations extérieures, arrête ce qui suit: Le citoyen Pérignon est autorisé à négocier et conclure avec M. le prince de la Paz, premier ministre de sa majesté catholique le roi d'Espagne, un traité d'alliance offensive et défensive entre la République française et sadite majesté catholique, conformément aux instructions à lui précédemment données par le Directoire, aux modifications résultant des dépêches servant de supplément d'instructions, et notamment aux observations et projet de rédaction d'articles, en date de ce jour. Le Directoire donne audit citoyen ambassadeur, les pouvoirs nécessaires pour signer ledit traité, si, comme il ne peut en douter, le prince de la Paz, au nom de sa majesté catholique, adopte lesdites dernières observations et projet de rédaction.

Le présent arrêté ne sera point imprimé.

Pour expédition conforme, *signé* CARNOT, *président ;* par le Directoire exécutif, *le secrétaire général,* LAGARDE.

L. S.

Don Carlos, por la gracia de Dios, rey de Castilla, de Leon, de Aragon, de las dos Sicilias, de Jerusalem, de Navara de Granada, de Toledo, de Valencia, de Galicia, de Mallorca, de Sevilla, de Cerdena, de Cordova, de Coruga, de Murcia, de Juan de los Algabes, de Algeciras, de Gibraltar, de las Islas de Canaria, de las Indias orientales y occidentales, islas y tierra firme del mar Occeano; archiduque de Austria; duque de Borgona, de Brabante y de Milan; conde de Abspurg, de Flandre, del Tyrol y de Barcelona; senor de Viscaya y de Molina, etc. por quanto he creido conveniente al bien de mis amados vasallos y de mi reyno concluir un tratado de alianza ofensiva y defensiva con la Republica francesa; por tanto y teniendo entera confianza en el talento, zelo, y amor a nuestro servicio que concurren en vos don Manuel de Godoy y Alvares de Faria, Rios, Sanchez, Zarzosa, principe de la Paz, duque de la Alcudia, senar del soto de Roma y del estado de Alba, grande de España de primera clase, regidor perpetuo de la ciudad de San-Iago, cavallero de la insigne orden del Tuson de Oro, grand-cruz de la real y distinguida espanola de Carlos III, comendador de Valencia, del Ventoso, Rivera y Acenchal en la de San-Iago, cavallero grand-cruz de la religion de San-Juan, consejero de estado, primer secretario de la reyna mi mui amada exposa, superintendente general de correos y caminos, protector de la real academia de las nobles artes, y de los reales gavinete de historia natural, jardin botanico, laboratorio chimico y observatorio astronomico, gentilhombre de camara con exercicio, capitan general de los reales exercitos, inspector y sargento mayor del real cuerpo de guardias de corps, hemos venido en nombraros por nuestro plenipotenciario, y en concederos todo nuestro poder y autoridad para que trateis con el ciudadano Domingo-Catalina Perignon, general de division de los exercitos de la Republica francesa, y su embajador cerca de mi persona, ajusteis y firmeis qualesquiera articulos, pactos, convenciones ó convenios que puedan conducir á la conclusion de la mencionada alianza ofensiva y defensiva con la misma Republica; prometiendo nos de buena fé y bajo de palabra real, que aprobaremos, ratificaremos y cum-

pliremos , y ha<u>z</u>emos observar y cumplir santa é inviolablemente quanto por vos fuere estipulado y firmado. En fé de lo qual , hemos fecho expedir la presente firmada de nuestra mano , sellada con nuestro scello secreto , y refrendada por el infra escrito nuestro consejero y secretario de estado y del despacho de ha<u>z</u>ienda.

En Aranjuez , á dies y siete de Junio de mil setecientos noventa y seis.

YO EL REY.

DIEGO DE GARDOQUI.

L. S.

Le Directoire exécutif arrête et signe le présent traité d'alliance offensive et défensive avec sa majesté catholique le roi d'Espagne, négocié au nom de la République française, par le citoyen Dominique-Catherine Pérignon, général de division, fondé de pouvoirs à cet effet, par arrêté du Directoire exécutif, en date du 20 messidor dernier, et chargé de ses instructions.

Fait au palais national du Directoire exécutif, le 12 fructidor an IV de la République française, une et indivisible.

Pour expédition conforme. *Signé* L. M. RÉVELLIÈRE-LÉPEAUX, *Président;* par le Directoire exécutif, *le secrétaire général,* LAGARDE.

Considérant que ce traité renouvelle et confirme l'alliance ancienne et naturelle qui existe entre les deux nations;

Considérant qu'il doit contribuer au repos de l'Europe, en accélérant l'époque de la paix générale;

Déclare qu'il y a urgence.

Le Conseil des Cinq-cents, après avoir déclaré l'urgence, prend la résolution suivante:

Le traité d'alliance offensive et défensive, conclu, le 2 fructidor présent mois, entre la République française et le roi d'Espagne, est ratifié.

La présente résolution, y compris le traité, sera imprimée.

Signé EMM. PASTORET, *président ;*
NOAILLE, BOURDON, OZUN, PEYRE, *secrétaires.*

Après une seconde lecture le Conseil des Anciens APPROUVE la résolution ci-dessus. Le 26 Fructidor, an IV de la République française.

Signé MURAIRE, *président ;*
JOHANNOT, FOURCADE, FERROUX, PÊCHEUR, *secrétaire.*

Le Directoire exécutif ordonne que la loi ci-dessus sera publiée, exécutée et qu'elle sera munie du sceau de la République. Fait au palais national du Directoire exécutif, le 26 Fructidor, an IV de la République française.

Pour expédition conforme, *signé* L. M. RÉVEILLÈRE-LÉPEAUX, *président*; par le Directoire exécutif, *le secrétaire général,* LAGARDE.

<table>
<tr><td>

DECLARACION.

Haviendo ocurrido circunstancias inesperadas que han retardado la buelta del correo que llevó á Paris el presente tratado, y pasado y á el termino de un mes en el que debia hazerse el cambio de las ratificaciones, segun el articulo XIX del mismo tratado de alianza ofensiva y defensiva entre la Republica francesa y su magestad catolica, nos los infra escritos plenipotenciarios de las dos altas partes contratantes, hemos convenido en prorogar dicho termino hasta hoy dia de la fecha.

En fé de lo qual, hemos firmado esta declaracion por duplicado, sellandola con nuestros sellos respectivos, en San-Lorenzo, á quince de Octúbre de mil setecientos noventa y seis.

Signé PERIGNON, y el principe DE LA PAZ.

Nos el ciúdadano Domingo Perignon, embajador de la Republica francesa cerca de su magestad catolica, y don Manuel de Godoy, principe de la Paz, &c., primer secretario de estado y del despacho de la dicha magestad,

Certificamos que las letras de ratificacion del tratado de alianza ofensiva y defensiva entre la Republica francesa y su magestad catolica, firmado en San-Ildefonso á dies y ocho de agosto ultimo,

</td><td>

DÉCLARATION.

Des circonstances inattendues ayant retardé le retour du courrier porteur du présent traité à Paris, et le terme d'un mois étant expiré, dans lequel l'échange des ratifications devait être fait selon l'article XIX du même traité d'alliance offensive et défensive entre la République française et sa majesté catholique, nous soussignés plénipotentiaires des deux hautes parties contractantes, sommes convenus de proroger ledit terme jusqu'à ce jour.

En foi de quoi, nous avons signé cette déclaration, faite double entre nous, et y avons apposé nos cachets respectifs, à San-Lorenzo, ce 24 Vendémiaire an V de la République française.

Signé PÉRIGNON, *et* el principe DE LA PAZ.

Nous, le citoyen Dominique Pérignon, ambassadeur de la République française auprès de sa majesté catholique, et don Manuel de Godoy, prince de la Paz, etc., premier secrétaire d'état et de dépêches de ladite majesté,

Certifions que les lettres de ratification du traité d'alliance offensive et défensive entre la République française et sa majesté catholique, signées à Saint-Ildefonse, le 2 fructidor dernier, revêtue de toute

</td></tr>
</table>

acompanade y de todas sus solemnidades, y debitamente cotejadas la una con la otra, y con los exemplares originales de dicho tratado, han sido cangeadas por nos en este dia.

En fé de lo qual, hemos firmado el presente acto por duplicado, sellandole con nuestros sellos respectivos, en San-Lorenzo, á quinze de Octubre de mil setecientos noventa y seis.

Signé PERIGNON y el principe DE LA PAZ.

leur forme, et dûment collationnées l'une sur l'autre, et sur les exemplaires originaux dudit traité, ont été aujourd'hui par nous échangées.

En foi de quoi, nous avons signé le présent acte, fait double entre nous, et y avons apposé nos cachets respectifs, à San-Lorenzo, ce 24 Vendémiaire an V de la République française.

Signé PÉRIGNON, et el principe DE LA PAZ.

RATIFICATION DU ROI D'ESPAGNE.

Por tanto haviendo visto y examinado los referidos dies y nueve artículos, he venido en approbar y ratificar quanto contienen, como en virtud de la presente los apruebo y ratifico todo en la mejor y mas amplia forma que puedo, prometiendo en fé y palabra de rey cumplirlo y observarlo, hacer que se cumpla y observe enteramente como si yo mismo los huviese firmado.

En fé de lo qual, mandé despachar la presente firmada de mi mano, sellada con mi sello real, y refrendada por el infra escrito, mi consejero y primer secretario de estado y del despacho. Dada en San-Lorenzo, catorce de Octubre de mil setecientos noventa y seis.

Signé YO EL RFY, et plus bas, MANUEL DE GODOY.

Après avoir vu et examiné les dix-neuf articles ci-dessus rapportés, à moi présentés pour être approuvés et ratifiés dans tous leur contenu, je déclare, par la présente, que je les approuve et ratifie dans la meilleure et plus ample forme que ce puisse être, promettant sur ma foi et parole royale de les exécuter et observer, et de les faire exécuter et obssrver dans leur entier, comme si je les avais signés moi-même.

En foi de quoi, j'ai fait expédier les présentes, signées de ma main, scellées de mon scel royal, et contre-signées par le soussigné, mon conseiller et premier secrétaire d'état et des dépêches. Donné à Saint-Laurent, le 14 Octobre 1796.

Signé YO EL REY, et plus bas, MANUEL DE GODOY.

La loi du 26 frudtidox an IV, portant ratification du traité d'alliance offensive et défensive conclu entre la République française et le roi d'Espagne, ayant été munie du sceau de la République, et l'échange de cette ratification contre celle ci-dessus du roi d'Espagne ayant été fait, le Directoire exécutif ordonne au ministre de la justice de la faire imprimer et solennellement publier dans toute l'étendue de la République. Fait au palais national du Directoire exécutif, le 7 Brumaire an V de la République française, une et indivisible.

Pour expédition conforme, *signé* L. M. REVEILLIÈRE-LÉPEAUX, *président;* par le Directoire exécutif, *le secrétaire général*, LAGARDE; *et scellé du sceau de la République.*

A PARIS, de l'Imprimerie du Dépôt des Lois, place du Carrousel.

Et se trouve dans les villes chefs-lieux de départemens, au bureau de correspondance du Dépôt des Lois.

Au nom de la République française.

L O I

Contenant ratification du traité de paix conclu entre la République française et le roi des Deux-Siciles.

Du 3 Brumaire, au V de la République française, une et indivisible.

LE CONSEIL DES ANCIENS, adoptant les motifs de la déclaration d'urgence qui précède la résolution ci-après, approuve l'acte d'urgence.

Suit la teneur de la Déclaration d'urgence et de la Résolution du 24 Vendémiaire :

Le Conseil des Cinq-cents, formé en comité général pour délibérer, conformément à l'article 334 de la Constitution ;

Après avoir examiné le traité de paix conclu à Paris, le 19 vendémiaire an V, avec le roi des Deux-Siciles, négocié au nom de la République française, par le citoyen *Charles Delacroix*, ministre des relations extérieures, fondé de pouvoirs à cet effet par arrêté du Directoire exécutif, du 12 du même mois de vendémiaire, et au nom du roi des Deux-Siciles, par M. le prince *Belmonte-Pignatelli*, fondé de pleins pouvoirs signés à Naples, en date du 17 mai 1796 (*v. st.*); arrêté et signé par le Directoire exécutif, le 19 vendémiaire an V, soumis le même jour, par un message, au Conseil des Cinq-cents, pour être, conformément à l'article 333 de la Constitution, examiné et ratifié par le Corps législatif; dont la teneur suit :

N.º 15.   A

TRAITÉ de paix entre la République française et S. M. le roi des Deux-Siciles.

La République française et S. M. le roi des Deux-Siciles, également animés du desir de faire succéder les avantages de la paix aux malheurs inséparables de la guerre, ont nommé; savoir : le Directoire exécutif, au nom de la République française, le citoyen Charles Delacroix, ministre des relations extérieures; et S. M. le roi des Deux-Siciles, le prince de Belmonte-Pignatelli, son gentilhomme de la chambre et son envoyé extraordinaire et ministre plénipotentiaire près de S. M. catholique; pour traiter, en leur nom, des clauses et conditions propres à rétablir la bonne intelligence et amitié entre les deux puissances;

Lesquels, après avoir échangé leurs pleins pouvoirs respectifs, ont arrêté les articles suivans :

ARTICLE PREMIER.

Il y aura paix, amitié et bonne intelligence entre la République française et S. M. le roi des Deux-Siciles; en conséquence, toutes hostilités cesseront définitivement, à compter du jour de l'échange des ratifications du présent traité.

En attendant, et jusqu'à cette époque, les conditions stipulées par l'armistice conclu le 17 prairial an IV (5 juin 1796, *v. st.*), continueront d'avoir leur plein et entier effet.

II. Tout acte, engagement ou convention antérieurs de la part de l'une ou de l'autre des deux parties contractantes, qui seraient contraires au présent traité, sont révoqués et seront regardés comme nuls et non avenus : en conséquence, pendant le cours de la présente guerre, aucune des deux puissances ne pourra fournir aux ennemis de l'autre, aucun secours en troupes, vaisseaux, armes, munitions de guerre, vivres ou argent, à quelque titre et sous quelque dénomination que ce puisse être.

III. Sa majesté le roi des Deux-Siciles observera la plus exacte neutralité vis-à-vis de toutes les puissances belligérantes : en conséquence, elle s'engage à interdire indistinctement l'accès dans ses ports à tous vaisseaux armés en guerre appartenant auxdites puissances, qui excéderont le nombre de quatre au plus, d'après les règles connues de la susdite neutralité. Tout approvisionnement de munitions ou marchandises connues sous le nom de contrebande de guerre, leur sera refusé.

IV. Toute sûreté et protection envers et contre tous seront accordées, dans les ports et rades des Deux-Siciles, à tous les vaisseaux marchands français, en quelque nombre qu'ils se trouvent, et à tous les vaisseaux de guerre de la République qui n'excéderont pas le nombre porté par l'article précédent.

V. La République française et S. M. le roi des Deux-Siciles s'engagent à donner main-levée du séquestre de tous effets, revenus, biens saisis, confisqués et retenus sur les citoyens et sujets de l'une et l'autre puissance, par suite de la guerre actuelle, et à les admettre respectivement à l'exercice légal des actions et droits qui pourraient leur appartenir.

VI. Tous les prisonniers faits de part et d'autre, y compris les marins et matelots, seront rendus réciproquement, dans un mois, à compter de l'échange des ratifications du présent traité, en payant les dettes qu'ils auraient contractées pendant leur captivité. Les malades et les blessés continueront d'être soignés dans les hôpitaux respectifs; ils seront rendus aussi-tôt après leur guérison.

VII. Pour donner une preuve d'amitié à la République française et de son desir sincère d'entretenir une parfaite harmonie entre les deux puissances, sa majesté le roi des Deux-Siciles consent à faire mettre en liberté tout citoyen français qui aurait été arrêté et serait détenu dans ses états à cause de ses opinions politiques relatives à la révolution française. Tous les biens et propriétés, meubles et immeubles, qui pourraient leur avoir été séquestrés ou confisqués pour la même cause, leur seront rendus.

VIII. Par les mêmes motifs qui ont dicté l'article précédent, sa majesté le roi des Deux-Siciles s'engage à faire faire toutes les recherches convenables pour découvrir par la voie de la justice et livrer à la rigueur des lois les personnes qui volèrent à Naples, en 1793, les effets et papiers appartenant au dernier ministre de la République française.

IX. Les ambassadeurs ou ministres des deux puissances contractantes, jouiront, dans les états respectifs, des mêmes prérogatives en préséance dont ils jouissaient avant la guerre, à l'exception de celles qui leur étaient attribuées comme ambassadeurs de famille.

X. Tout citoyen français, et tous ceux qui composeront la maison de l'ambassadeur ou ministre et celles des consuls et autres agens accredités et reconnus de la République française, jouiront, dans les états de sa majesté le roi des Deux-Siciles, de la même liberté de culte que celle dont y jouissent les individus des nations non catholiques les plus favorisées à cet égard.

XI. Il sera négocié et conclu, dans le plus court délai, un traité de commerce entre les deux puissances, fondé sur les bases d'une utilité mutuelle, et telles qu'elles assurent à la nation française des avantages égaux à tous ceux dont jouissent, dans le royaume des Deux-Siciles, les nations les plus favorisées. Jusqu'à la confection de

A 2

ce traité, les relations commerciales et consulaires seront réciproquement rétablies telles qu'elles étaient avant la guerre.

XII. Conformément à l'article VI du traité conclu à la Haye le 27 floréal de l'an III de la République (16 mai 1795, *vieux style*), la même paix, amitié et bonne intelligence stipulée par le présent traité entre la République française et sa majesté le roi des Deux-Siciles, aura lieu entre sadite majesté et la République batave.

XIII. Le présent traité sera ratifié et les ratifications échangées dans quarante jours pour tout délai, à compter du jour de la signature.

Fait à Paris, le 19 vendémiaire an V de la République française, une et indivisible, répondant au 10 octobre 1776 (*v. st.*)

Signé CH. DELACROIX, le prince DE BELMONTE-PIGNATELLI.

Le Directoire exécutif arrête et signe le présent traité de paix avec sa majesté sicilienne, négocié, au nom de la République française, par le ministre des relations extérieures, nommé par le Directoire exécutif, par arrêté du 12 vendémiaire présent mois, et chargé de ses instructions à cet effet.

Fait au palais national du Directoire exécutif, le 19 vendémiaire an V de la République française, une et indivisible.

Pour expédition conforme, *Signé* L. M. REVEILLÈRE-LÉPEAUX, *président;* par le Directoire exécutif, *le secrétaire général*, LAGARDE.

Considérant que l'humanité commande de saisir avec empressement toutes les occasions de faire succéder la paix aux malheurs inséparables de la guerre,

Déclare qu'il y a urgence.

Le Conseil des Cinq-cents, après avoir déclaré l'urgence, résout :

LE traité de paix conclu le 19 vendémiaire an V, entre la République française et le roi des Deux-Siciles, est ratifié.

La présente résolution, y compris le traité, sera imprimée.

Signé CHASSET, *président;*
BAILLEUL, BERGOEING, FAVART, RIOU, *secrétaires.*

Après une seconde lecture, le Conseil des Anciens APPROUVE la résolution ci-dessus. Le 3 Brumaire, an V de la République française.

Signé J. G. LACUÉE, *président;*
KERVELEGAN, LEPAIGE, *secrétaires.*

5

Le Directoire exécutif ordonne que la loi ci-dessus sera publiée, exécutée, et qu'elle sera munie du sceau de la République. Fait au Palais national du Directoire exécutif, le 4 Brumaire, an cinquième de la République française, une et indivisible.

Pour expédition conforme, *signé* **P. Barras**, *président ;*
par le Directoire exécutif, *le secrétaire général* Lagarde.

Suit la teneur de la ratification faite par le roi des Deux-Siciles, le 2 novembre 1796 (12 brumaire an V), du traité de paix conclu entre lui et la République française :

Noi Ferdinando, per la grazia di Dio, re delle Sicilie, di Gerusalemme, &c., infante di Spagna, duca di Parma Piacenza, Castro, &c. gran principe ereditario della Toscana, &c. &c. &c., a tutti quelli che le presenti vedranno, salute, e facciamo manifesto come avendo il principe di Belmonte-Pignatelli, nostro gentiluomo di camera con esercizio, ed inviato straordinario e ministro plenipotenziario presso sua maestà cattolica, per parte nostra; e D. Carlo Delacroix, ministro delle relazioni esteriori, in nome e parte della Repubblica francese, ambidue muniti delle necessarie facoltà e plenipotenze, conchiuso e segnato in Parigi, sotto il di 10 ottobre prossimo passato, un trattato di pace tra noi e la prefata Repubblica, il tenore del quale è di parola in parola il seguente :

Nous Ferdinand, par la grâce de Dieu, roi des Siciles, de Jérusalem, etc., infant d'Espagne, duc de Parme, Plaisance, Castro, etc., grand prince héréditaire de la Toscane, etc. etc. etc., à tous ceux qui les présentes verront, salut, et savoir faisons que le prince de Belmonte-Pignatelli, notre gentilhomme de la chambre en exercice, et envoyé extraordinaire et ministre plénipotentiaire près de sa majesté catholique, de notre part; et D. Charles Delacroix, ministre des relations extérieures, au nom et de la part de la République française, tous deux munis des pleins pouvoirs nécessaires, ayant conclu et signé à Paris, le 10 octobre dernier, un traité de paix entre nous et la susdite République, duquel la teneur suit :

La République française et sa majesté le roi des Deux-Siciles, également animés du désir, etc. etc.

(*Le surplus du traité ainsi qu'il est porté ci-dessus.*)

Noi per tanto approvando il suddetto trattato in tutto ed in ognuno degli articoli in esso dichiarati e stipulati, l'abbiamo,

En conséquence, approuvant le susdit traité dans tous et chacun des articles qui y sont déclarés et stipulés, nous l'avons,

tanto per noi che per i nostri successori, accettato, confermato e ratificato, come colle presenti l'accettiamo, confermiamo e ratifichiamo; promettendo, sotto la fede e parola regia, d'intieramente eseguirlo ed osservarlo, e di farlo inviolabilmente mantenere ed osservare dai nostri sudditi, senza mai contravvenirvi direttamente o indirettamente in maniera veruna. In fede di che, l'abbiamo segnato di nostra propria mano; vi abbiamo fatto apporre il suggello delle nostre reali armi, e contro-segnare dall'infrascritto nostro direttore del dipartimento di stato, affari esteri, marina e commercio. Dato in Napoli, li due novembre mille settecento novanta sei.

Segnato *FERDINANDO*, re. J. B.

Contro-segnato *FABRIZIO RUFFO*.

tant pour nous que pour nos successeurs, accepté, confirmé et ratifié, comme par les présentes nous l'acceptons, confirmons et ratifions; promettant, sous la foi et parole royale, de l'exécuter entièrement et de l'observer, et de le faire inviolablement maintenir et observer par nos sujets, sans jamais y contrevenir directement ou indirectement en manière quelconque. En foi de quoi, nous l'avons signé de notre propre main; nous y avons fait apposer le sceau de nos armes royales, et contre-signer par le soussigné, notre directeur du département d'état, des affaires étrangères, marine et commerce. Donné à Naples, le 2 novembre 1796.

Signé *FERDINAND*, roi. J. B.

Contre-signé *FABRIZIO RUFFO*.

Suit la teneur des pleins pouvoirs du citoyen Charles Delacroix, *ministre des relations extérieures.*

Extrait des registres des délibérations du Directoire exécutif.

Paris, le 12 Vendémiaire an V.

Le Directoire exécutif arrête que le ministre des relations extérieures est autorisé à traiter avec M. Belmonte-Pignatelli, ministre plénipotentiaire du roi de Naples et des Deux-Siciles, pour la conclusion de la paix entre la République française et ledit roi de Naples; donne, à cet effet, audit ministre, tous pouvoirs nécessaires; le charge de rendre compte au Directoire des progrès et de l'issue des négociations.

Le présent arrêté ne sera pas imprimé quant à présent.

Pour expédition conforme, *Signé* L. M. RÉVEILLÈRE-LÉPEAUX, *président;*
Par le Directoire exécutif, *le secrétaire général* LAGARDE.

Suit la teneur des pleins pouvoirs du prince de Belmonte-Pignatelli, ministre plénipotentiaire du roi de Naples et des Deux-Siciles.

Ferdinando IV, per la grazia di Dio, re delle due Sicilie, di Gerusalemme, &c., infante di Spagna, duca di Parma, Piacenza, Castro, &c. &c. gran principe ereditario di Toscana, &c. &c. &c.

Penetrati dalle angustie nelle quali vediamo i nostri cari e amati popoli, da qualche anno a questa parte, per una guerra in cui ci troviamo impegnati colla Francia, e la quale non ha per oggetto, nè odio, nè gelosia, nè interesse di sorte alcuna; e desiderosi di sollevarli, per tutti quei mezzi che ci sono possibili; da tutti quei pesi e restrizioni che naturalmente vanno unite in simili circostanze, abbiamo risoluto di fare ripristinare l'antica amicizia, la buona intelligenza e la buona corrispondenza colla Nazione francese. E perche questa nostra determinazione abbia il suo pieno e desiderato effetto, abbiamo scelto voi don Antonio Pignatelli, principe di Belmonte e marchese di Galatone, nostro gentiluomo di camera con esercizio, e nostro inviato straordinario e ministro plenipotenziario presso l'augusto nostro reale fratello il re delle Spagne, per manifestare questa nostra sovrana disposizione al comandante in capite della truppa francese in Italia, o al ministro della Repubblica francese che lo accompagni; e quando questi non fossero autorizzati ad ascoltare simili dichiarazioni ed entrare in alcuna trattativa o negoziato, a qualunque altro comandante, ministro o agente

Ferdinand IV, par la grâce de Dieu, roi des Deux-Siciles, de Jérusalem, etc., infant d'Espagne, duc de Parme, Plaisance, Castro, etc. etc., grand prince héréditaire de Toscane, etc. etc. etc.

Pénétrés des embarras dans lesquels nous voyons notre cher et bien-aimé peuple, depuis quelques années jusqu'à présent, par l'effet d'une guerre où nous nous trouvons engagés avec la France, laquelle guerre n'a pour objet ni haine, ni jalousie, ni intérêt d'aucune espèce; et desirant le soulager, par tous les moyens qui sont en notre pouvoir, de toutes les charges et restrictions qui accompagnent nécessairement de pareilles circonstances, nous avons résolu de faire renouveler l'ancienne amitié, bonne intelligence et bonne correspondance avec la Nation française. Et pour que cette décision de notre part ait son effet plein et desiré, nous vous avons choisi vous, don Antonio Pignatelli, prince de Belmonte et marquis de Galatone, notre gentilhomme de la chambre en exercice, et notre envoyé extraordinaire et ministre plénipotentiaire auprès de notre auguste frère royal le roi d'Espagne, pour manifester cette souveraine disposition de notre part au commandant en chef de la troupe française en Italie, ou au ministre de la République française qui l'accompagne; et dans le cas ou ceux-ci ne seraient pas autorisés à écouter de semblables déclarations et à entrer en aucun traité ou négociation, à tout autre

della Repubblica che dai primi vi sarano indicati rivestiti delle facoltà e plenipotenze necessarie a trattare e conchiudere con essi la riconciliazione e la pace; dandovi, a questo effetto, le facoltà necessarie a poter trattare, conchiudere e firmare con essi un trattato di riconciliazione e di pace, per il bene e vantaggio delle due nazioni; promettendo, sotto la nostra reale parola, di aver per rato, grato e fermo, tutto ciò che sarà da voi convenuto, conchiuso e stipulato su questo assunto.

In fede di che, abbiamo fatto formare la presente, firmata di nostra propria mano, roborata col suggello delle nostre reali arme, e contro-segnata dall' infrascritto direttore della nostra reale secretaria di stato, affari, esteri, marina e commercio.

Oggi, in Napoli, il di 17 maggio 1796.

L. S. *Segnato* FERDINANDO.

Contro-segnato FABRIZIO RUFFO.

commandant, ministre ou agent de la République qui vous seront indiqués par les premiers comme revêtus de la faculté et des pleins pouvoirs nécessaires pour traiter et conclure avec eux la réconciliation et la paix; vous donnant, à cet effet, les pouvoirs nécessaires pour pouvoir traiter, conclure et établir avec eux un traité de réconciliation et de paix pour le bien et l'avantage des deux nations; promettant, sous notre parole royale, d'avoir pour ratifié, agréable et arrêté, tout ce qui sera convenu, conclu et stipulé par vous sur cet objet.

En foi de quoi, nous avons fait expédier la présente, signée de notre propre main, munie du sceau de nos armes royales, et contre-signée par le soussigné, directeur de notre secrétariat royal d'état, pour les affaires étrangères, la marine et le commerce.

Cejourd'hui, à Naples, le dix-sept mai mil sept cent quatre-vingt seize.

L. S. *Signe* FERDINAND.

Contre-signé FABRIZIO RUFFO.

Du premier Frimaire an V de la République française, une et indivisible.

La loi du 3 brumaire an V, portant ratification du traité de paix conclu entre la République française et le roi des Deux-Siciles, ayant été munie du sceau de la République, et l'échange de cette ratification contre celle ci-dessus du roi des Deux-Siciles ayant été fait le jour d'hier; le Directoire exécutif ordonne au ministre de la justice de la faire imprimer, et publier solennellement dans toute l'étendue de la République.

Pour expédition conforme, *signé* P. BARRAS, *président;*
par le Directoire exécutif, *le secrétaire-général,* LAGARDE.

A PARIS, de l'Imprimerie du Dépôt des Lois, place du Carrousel.
Et se trouve dans les villes chefs-lieux de département au bureau de correspondance du Dépôt des Lois.

Au nom de la République française.

L O I

Contenant ratification du traité de paix conclu entre la république française et le duc de Parme et de Plaisance.

Du 28 Brumaire, an V de la République française, une et indivisible.

LE CONSEIL DES ANCIENS, adoptant les motifs de la déclaration d'urgence qui précède la résolution ci-après, APPROUVE l'acte d'urgence.

Suit la teneur de la Déclaration d'urgence et de la Résolution du 21 Brumaire :

Le conseil des Cinq-cents, considérant qu'il importe de donner de nouvelles preuves des dispositions de la République française pour la paix,

Déclare qu'il y a urgence ;

Le Conseil des Cinq-cents, après avoir déclaré l'urgence, lecture faite du traité conclu à Paris, le 15 de ce mois, entre le citoyen *Charles Delacroix*, ministre des relations extérieures, muni des pleins-pouvoirs du Directoire exécutif de la République française, et M. le comte *Politi* et don *Louis Bolla*, chargés des pleins-pouvoirs de S. A. R. l'infant duc de Parme, Plaisance et Guastalla, sous la médiation de S. M. le roi d'Espagne, exercée par M. le marquis *del Campo*, son embassadeur près la République française, dont la teneur suit :

TRAITÉ de paix entre la République française et S. A. R. l'infant duc de Parme, Plaisance et Guastalla.

La République française et son altesse royale l'infant duc de Parme, Plaisance et Guastalla, désirant rétablir les liaisons d'amitié qui ont précédemment

N.º 15.   A

existé entre les deux Etats, et faire cesser, autant qu'il est en leur pouvoir, les calamités de la guerre, ont accepté avec empressement la médiation de sa majesté catholique le roi d'Espagne, et ont nommé pour leurs plénipotentiaires, savoir : le Directoire exécutif, au nom de la République française, le citoyen *Charles Delacroix*, ministre des relations extérieures; et S. A. R. l'infant duc de Parme, MM. le comte *Pierre Politi* et don *Louis Bolla*; lesquels, après avoir échangé leurs pleins-pouvoirs respectifs, ont arrêté et conclu définitivement les articles suivans, sous la médiation de sa majesté catholique, exercée par M. le marquis *del Campo*, son ambassadeur près la République française, qui a également justifié de ses pleins-pouvoirs.

A R T I C L E   P R E M I E R.

Il y aura paix et amitié entre la République française et son altesse royale l'infant duc de Parme : les deux puissance s'abstiendront soigneusement de ce qui pourrait altérer la bonne harmonie et union rétablies entre elles par le présent traité.

II. Tout acte, engagement ou convention antérieurs, de la part de l'une ou de l'autre des deux puissances contractantes, qui seraient contraires au présent traité, seront regardés comme nuls et non avenus : en conséquence, pendant le cours de la présente guerre, aucune des deux puissances ne pourra fournir aux ennemis de l'autre, aucun secours en troupes, armes, munitions de guerre, vivres ou argent, à quelque titre et sous quelque dénomination que ce puisse être.

III. L'infant duc de Parme s'engage à ne point permettre aux émigrés ou déportés de la république française, de s'arrêter ou de séjourner dans ses états.

IV. La République française et S. A. R. l'infant duc de Parme, s'engagent à donner main-levée du séquestre de tous effet, revenus ou biens qui pourraient avoir été saisis, confisqués, détenus ou vendus sur les citoyens ou sujets de l'autre puissance, relativement à la guerre actuelle, et à les admettre respectivement à l'exercice légal des actions ou droits qui leur appartiennent.

V. Les contributions stipulées dans la convention d'armistice signée à Plaisance, le 20 floréal dernier, entre le général *Buonaparte* au nom de la République française, et MM. les marquis *Pallavicini* et *Philippo dalla Rosa* au nom de l'infant duc de Parme, seront acquittées en leur entier. Il n'en sera levé ni exigé aucune autre : s'il avait été levé quelque contribution en argent ou exigé quelques fournitures en denrées en sus de ce qui est réglé par ladite convention, les contributions en argent seront remboursées, et les fournitures en r'ature payées au prix courant des lieux lors de la livraison. Il sera nommé de part et d'autre, s'il y a lieu, des commissaires pour l'exécution du présent article.

VI. A compter de la signature du présent traité, les états de S. A. R. l'infant duc de Parme seront traités comme ceux des puissances amies et neutres : s'il est fait quelques fournitures aux troupes de la République par S. A. R. ou par ses sujets, elles leur seront payées au prix convenu.

VII. Les troupes de la République jouiront du libre passage dans les états de l'infant duc de Parme.

VIII. L'une des puissances contractantes ne pourra accorder passages aux troupes ennemies de l'autre.

IX. La République française et S. A. R. l'infant duc de Parme, desirant rétablir et augmenter par des stipulations réciproquement avantageuses, les relations commerciales qui existaient entre leurs citoyens et sujets respectifs, conviennent de ce qui suit.

X. Les soies en trame, les grains, riz, huile d'olive, bestiaux, fromages, vins, huile de pétrole, et autres denrées et produits bruts des états de S. A. R., pourront en sortir pour être introduits dans le territoire de la République, sans aucunes restrictions que celles que rendraient nécessaires les besoins du pays. Lesdites restrictions ne pourront jamais frapper uniquement et spécialement sur les citoyens français ; il leur sera même accordé toute préférence pour la traite des objets mentionnés ou désignés au présent article, dont quelque circonstances feraient suspendre ou restreindre la sortie.

XI. Tous les produits du territoire de la République, des colonies et pêches françaises, pourront être introduits librement dans les états de S. A. R., et sortir, pour cette destination, du territoire de ladite République, sauf les restrictions que ses propres besoins pourraient rendre nécessaires.

XII. Tous les produits des manufactures françaises pourront également être introduits dans les états de S. A. R. Si elle juge nécessaire, pour la prospérité de ses manufactures, d'ordonner quelques restrictions ou prohibitions, elles ne pourront jamais être particulières aux manufactures françaises, auxquelles S. A. R. promet même d'accorder toutes les préférences qui pourront se concilier avec la prospérité des manufactures de ses états.

Le présent article sera exécuté avec la plus exacte réciprocité, pour l'introduction en France des produits des manufactures des états de S. A. R.

XIII. Il sera statué, par une convention séparée, sur les droits d'entrée et de sortie à percevoir de part et d'autre. Dans le cas où ladite convention séparée ne serait point acceptée par la République, il est expressément convenu que lesdits droits seront respectivement perçus et payés comme ils le sont par les nations les plus favorisées.

XIV. Les produits du territoire de la République, des manufactures, colonies et pêches françaises, pourront traverser librement les états de S. A. R. ou y être entreposés pour être ensuite conduit dans d'autres états d'Italie, sans payer aucun droit de douane, mais seulement un droit de transit ou passage pour subvenir à l'entretien des routes; lequel droit sera très-incessamment réglé sur un pied modéré, de concert entre les parties contractantes, et ce, à raison de tant par quintal et par lieue; il sera payable au premier bureau d'entrée.

Le présent article sera exécuté réciproquement dans l'étendue du territoire de la République française, pour les denrées et marchandises provenant des états de S. A. R. l'infant duc de Parme.

Et attendu que le droit ci-dessus mentionné n'a été réservé que pour faire face aux dépenses d'entretien de ponts et chaussées, il est expressément convenu que les denrées et marchandises transportées en transit par les rivières et fleuves navigables, jouiront réciproquement de l'exemption de tous droits.

Les parties contractantes prendront respectivement les mesures nécessaires pour éviter tout abus dans l'exécution du présent article et des précédens.

XV. En exécution de l'article VI du traité conclu à la Haye le 22 floréal de l'an III, la paix conclue par le présent traité, est déclarée commune avec la République batave.

XVI. Le présent traité sera ratifié, et les ratifications échangées, au plus tard, dans un mois, à compter de ce jour.

Fait à Paris, le 15 Brumaire an V de la République française, une et indivisible.

Signé CH. DELACROIX; le comte POLITI et LOUIS BOLLA.

Article séparé.

S. A. R. s'oblige à accorder une remise d'un quart des droits d'entrée sur les denrées et marchandises provenant du sol de la République, de ses colonies, pêcheries et manufactures, destinées pour la consommation intérieure de ses états, et de sortie sur les denrées et marchandises tirées de ses états, et destinées pour le territoire de la République, pourvu que réciproquement il soit accordé par la République française une égale diminution de droits,

1.° Sur les denrées et marchandises provenant des états de S. A. R., à leur entrée sur le territoire de la République;

2.° Sur les denrées et marchandises provenant du territoire de la République, à leur sortie pour le territoire de S. A. R.

Paris, les jour et an que dessus.

Signé CH. DELACROIX; le comte POLITI et LOUIS BOLLA.

Le soussigné, marquis *del Campo*, plénipotentiaire de sa majesté catholique le roi d'Espagne, ayant servi de médiateur à la pacification, déclare que le traité ci-dessus entre la République française et son altesse royale l'infant duc de Parme, Plaisance et Guastalle, ensemble l'article séparé relatif au commerce entre les deux puissances, a été conclu par la médiation et sous la garantie de sa majesté catholique.

En foi de quoi il a signé les présentes de sa main, et y a apposé son cachet.

Fait à Paris, le 15 brumaire an V de la République française, une et indivisible, répondant au 5 novembre 1796.

Signé le marquis DEL CAMPO.

Le Directoire exécutif arrête et signe le présent traité de paix avec S. A. R. l'infant duc de Parme, négocié au nom de la République française par le ministre des relations extérieures, nommé par le Directoire exécutif, par arrêté du 27 prairial dernier, et chargé de ses instructions à cet effet.

Fait au palais national du Directoire exécutif, le 16 brumaire an V de la République française, une et indivisible.

Pour expédition conforme, *signé* P. BARRAS, *président;* par le Directoire exécutif, *le secrétaire-général*, LAGARDE.

Prend la résolution suivante:

Le présent traité est ratifié, conformément à l'article 334 de la Constitution, pour être exécuté selon sa forme et teneur.

La présente résolution, y compris le traité, seront imprimés.

Signé CAMBACÉRÈS, *président;*
DUBOIS (des Vosges), MATHIEU, T. BERLIER, FABRE, *secrétaires.*

Après une seconde lecture, le Conseil des Anciens APPROUVE la résolution ci-dessus. Le 28 Brumaire an V de la République française.

Signé J. G. LACUÉE, *président;*
VIENNET, LEPAIGE, *secrétaires.*

Le Directoire exécutif ordonne que la loi ci-dessus sera publiée, exécutée, et qu'elle sera munie du sceau de la République. Fait au palais national du Directoire exécutif, le 29 Brumaire an V de la République française.

Pour expédition conforme, *signé*, P. BARRAS, *président;*
par le Directoire exécutif, *le secrétaire général*, LAGARDE.

Traité de paix avec le Duc de Parme, n.º 436.　　　　A 3

Suit la teneur de la ratification faite par l'infant duc de Parme, Plaisance, Guastalla, etc., le 23 novembre 1796 (correspondant au 3 frimaire an V), du traité de paix conclu entre lui et la République française.

Nous, ayant agréables les susdits traité de paix et article séparé, en tous et chacun des points et articles qui y sont contenus et déclarés, avons iceux acceptés, approuvés, ratifiés et confirmés, tant pour nous que pour nos successeurs, et par ces présentes, acceptons, approuvons, ratifions et confirmons; et le tout promettons, en foi et parolle de prince, garder et observer inviolablement, sans jamais aller ni venir au contraire, directement ou indirectement, en quelque sorte et manière que ce soit. En témoin de quoi, les présentes seront signées de notre main, munies de notre sceau, et contre-signées par notre ministre et secrétaire d'état, des affaires étrangères, du militaire, de grace et justice, des finances et de notre maison. Donné à Parme, le 23 novembre 1796.

Signé FERDINAND.

Et plus bas CÉSAR VENTURA.

Suit la teneur de la ratification faite par le roi d'Espagne, en qualité de médiateur, du traité de paix conclu entre la République françaisc et l'infant duc de Parme.

Por tanto haviendo visto y reconocido dicho tratado, hé venido en aprobar y ratificar, en calidad de mediador, quanto contiene, como, en virtud de la presente, lo apruebo y ratifico todo en la mejor y mas amplia forma puedo. En fé de loqual, mandé despachar la presente, firmada de mi mano, sellada con mi sello, y refrendada por el infra escrito mi consejero y primer secretario de estado y de despacho. Dada en San-Lorenzo, à diez y ocho de diciembre de mil sete-cientos noventa y seis.

Signé Yo el REY.

Et plus bas MANUEL DE GODOY.

Après avoir examiné et reconnu le traité ci-dessus, présenté à mon approbation et ratification, dans tout son contenu, en qualité de médiateur, je le ratifie et approuve en effet par la présente, dans la meilleure forme que ce puisse être. En foi de quoi, j'ai fait expédier là présente, signée de ma main, scellée de mon scel, et contre-signée par le soussigné, mon conseiller et premier secrétaire d'état et des dépêches. Donné à Saint-Laurent, le 18 décembre 1796.

Signé Moi le ROI.

Et plus bas MANUEL DE GODOY.

Suit la teneur des pleins-pouvoirs du citoyen Charles Delacroix, *ministre des relations extérieures.*

Extrait des registres des délibérations du Directoire exécutif. Paris, le 27 Prairial an IV de la République française, une et indivisible.

Le Directoire exécutif arrête ce qui suit: Le citoyen *Charles Delacroix*, ministre des relations extérieures, est autorisé à traiter avec MM. le comte *Pierre Politi* et don *Louis Bolla*, ministres plénipotentiaires nommés par l'infant duc de Parme, pour traiter, négocier et signer la paix avec la République française, et ce, sous la médiation de sa majesté catholique, exercée par M. le marquis *del Campo*, son ambassadeur près ladite République, muni à cet effet de ses pleins-pouvoirs. Il se conformera aux instructions à lui données par le Directoire *exécutif*, auquel il rendra compte successivement des progrès et de l'issue des négociations. Le présent arrêté ne sera point imprimé quant à présent.

Pour expédition conforme, *signé* CARNOT, *président ;*
par le Directoire exécutif, *le secrétaire général* LAGARDE.

Suit la teneur des pleins-pouvoirs donnés à MM. le comte Pierre Politi *et don* Louis Bolla, *comme ministres plénipotentiaires, par S. A. R. l'infant duc de Parme, de Plaisance, de Guastalla, etc.*

Ferdinand, infant d'Espagne, par la grace de Dieu, duc de Parme, Plaisance, etc.

Ayant été par nous traitée, conclue et ratifiée la suspension d'arme avec le général *Buonaparte*, commandant de l'armée française en Italie, le 9 du présent mois de mai, à cause de son entrée hostile avec ses troupes dans cette domination royale ; voulant reconnaître la République française et conclure avec elle une paix durable sous la médiation de S. M. notre très-cher cousin et beau-frère, par l'entremise du marquis *del Campo.* chevalier, grand-croix de l'ordre de Charles III, ambassadeur de S.

Ferdinando, *infante di Spagna, per la grazia di Dio, duca di Parma, Piacenza, etc.*

Essendo stata da noi trattata, conchiusa e ratificata la sospensione d'armi col generale Buonaparte, *comandante dell' armata francese in Italia, il giorno 9 del corrente mese di maggio, a cagione dell' ostile suo ingresso colle di lui truppe in questo real dominio; volendo noi riconoscere la Repubblica francese, e formar seco una durevole pace colla mediazione di sua maestà l'amatissimo nostro cugino e cognato, che sarà interposta coll' opera del marchese* del Campo, *cavalier, gran-croce dell' ordine di Carlo*

III, *ambasciatore della prefata maestà sua presso la medesima Republica francese, ci siamo determinati di eleggere nostri ministri plenipotenziarj voi conte Pietro Politi, e voi D. Luigi Bolla, a riconoscere la sudetta Repubblica, ed a trattare, maneggiare e firmare la detta pace col Direttorio esecutivo dell'accennata Repubblica francese; confidando noi per tanto nello zelo, capacità e prudenza di voi conte Pietro Politi, e voi D. Luigi Bolla, vi constituiamo entrambi nostri ministri plenipotenziarj, e vi conferiamo la piena nostra autorità, affinchè, in nostro nome et sotto la mediazione dell'amatissimo nostro cugino e cognato il re di Spagna, trattiate, regoliate e firmiate detto trattato definitivo di pace, dando come diamo per grato, rato e fermo tutto ciò chè, colla mediazione suddetta, tratterete e firmerete in nostro nome; promettendo, sotto la parola nostra reale, che il tutto osserveremo e adempiremo, come se per noi stessi fosse stato trattato, concluso e firmato. In fede di che, sarà il presente firmato di nostra propria mano, munito col sigillo delle nostre armi, e sotto scritto dal nostro ministro e segretario di stato, affari esteri, guerra, grazia, giustizia, azienda e real casa, Dato in Farma, li ventisei Maggio dell' anno mille settecento novanta sei.*

Signé FERDINANDO.

Et plus bas CESARI VENTURA.

M. susdite auprès de la République française, nous nous sommes déterminés d'élire pour ministres plénipotentiaires, vous comte *Pierre Politi*, et vous don *Louis Bolla*, pour reconnaître la susdite République, et pour traiter et signer ladite paix avec le Directoire exécutif de ladite République française. C'est pour cela que, remplis de confiance pour votre zèle, pour votre capacité et prudence, comte *Pierre Politi* et don *Louis Bolla*, nous vous avons tous les deux élus pour nos ministres plénipotentiaires, et nous vous conférons notre pleine autorité, afin qu'en notre nom et sous la médiation de notre très-cher cousin et beau-frère le roi d'Espagne, vous traitiez, régliez et signiez ledit traité définitif de paix; en donnant comme nous donnons pour agréé et fixé tout ce que, avec la médiation susdite, vous traiterez et vous signerez en notre nom; en promettant, sous notre parole royale, que nous tiendrons et remplirons tout, comme si c'eût été traité, conclu et signé par nous-mêmes. En foi de quoi, le présent sera signé de notre main, muni du sceau de nos armes, et contre-signé par notre secrétaire d'état et ministre des affaires étrangères, guerre, grace, justice, administration et maison royale. Donné à Parme, le vingt-six Mai, l'an mil sept cent quatre-vingt-seize.

Signé FERDINAND.

Et plus bas CÉSAR VENTURA.

Copie des pleins pouvoirs donnés par S. A. R. l'infant duc de Parme, Plaisance et Guastalla, à M. del Campo.

Ferdinand, infant d'Espagne, par la grace de Dieu, duc de Parme, Plaisance, Guastalla, ect.

Dans la circonstance d'avoir été par moi traitée, conclue et ratifié la suspension d'armes avec le général *Buonaparte*, commandant de l'armée française en Italie, le 9 du présent mois de mai; nous, desirant de reconnaître la République française et de former avec elle une paix durable par la médiation de sa majesté le roi d'Espagne, notre très-aimé cousin et beau-frère, nous nous sommes décidés à élire pour notre ministre plénipotentiaire, vous marquis *del Campo*, chevalier, grand-croix de l'ordre de Charles III, et ambassadeur de sadite majesté auprès de la même République française, pour reconnaître la même République, et pour traiter, négocier et signer ladite paix avec le Directoire exécutif de la République susmentionnée. Nous, ayant toute confiance sur votre zèle, capacité et prudence, nous vous constituons notre ministre plénipotentiaire, et vous conférons notre pleine autorité, afin qu'en notre nom et sous la médiation de notre très-aimé cousin et beau-frère le roi d'Espagne, vous traitiez, négociez et signiez ledit traité définitif de paix : donnant comme nous donnons pour agréable, valide et ferme, tout ce que par la médiation de votre roi, vous aurez traité et signé en notre nom ; et promettant, sur notre parole royale, de l'observer et l'accomplir comme si par nous-mêmes il eût été traité, conclu et signé. En foi de quoi, sera la présente signée de ma propre main, le cachet de mes armes apposé, et contre-signée par notre secrétaire d'état et ministre des affaires étrangères, de la guerre, de grace et justice, des finances et de ma maison. Fait à Parme, le 11 mai 1796.

Signé F E R D I N A N D.

Et plus bas, C É S A R V E N U R A.

Suit la teneur des pleins pouvoirs donnés par le roi d'Espagne au marquis del Campo.

Don *Carlos*, par la grace de Dieu, roi de Castille, de Léon, etc.	*Don* Carlos, *por la gracia de Dios, rey de Castilla, de Leon, de Aragon, de las dos Sicillias, de Jérusalem, de Navarra, de Grenada, de Toledo, de Valencia, de Galicia, de Mallorca, de Sevilla, de Cerdena, de Cordova,*

de Corcega, de Murcia, de Juan de las Algarbes, de Algeciras, de Gibraltar, de las islas de Canaria, de las Indias orientales y occidentales, islas y tierra firme del mar occeano, archiduque de Austria, duque de Borgona, de Brabante y de Milan, conde de Abspurg, de Flandres, del Tyrol y de Barcelona, senor de Vizcaya y de Molina, etc.

Por quanto en virtud de lo convenido con el Gobierno francès en el tratado de paz firmado en Basiléa en 22 de julio de 1795, ofreci mi mediacion para el ajuste de la paz entre la Republica francesa y las potencias que estaban en guerra, siempre que estas solicitaren mis oficios, y yo considerare regulares sus proposiciones, baxo cuyo supuesto no podran menos dever admitidas por aquel Gobierno, y habiendo llegado el caso de exercer las funciones que como á tal mediador me estan reconocidas; por tanto hé determinado que mi embaxador cerca de la Republica francesa, D. Bernardo del Campo, marques del Campo, caballero, gran-cruz de la real y distinguida orden de Carlos tercero, oyga, admita y proponga lo que, en bien de las cortes de Cerdeña y Parma, le expongan sus diputados ò personas que con bastante autoridad de los respectivos soberanos se le présenten o escrivan; y espero que el Gobierno francès admita quanto mi citado embaxador lleve á su consideracion en cumplimiento de las ordenes que reciba mias y tiene ya de antemano, sin que motivo alguno

Pour tout ce qui a été convenu avec le gouvernement français dans le traité de paix signé à Bâle le 22 de juillet 1795, en vertu de quoi j'offris ma médiation pour la négociation de la paix entre la République française et les puissances qui étaient en guerre, toutes les fois que celles-ci solliciteraient mes bons offices, et que je regarderais leurs propositions comme régulières, en supposant qu'elles puissent néanmoins être admises par ce Gouvernement; et le cas s'étant présenté d'exercer les fonctions qui me sont dévolues et reconnues comme médiateur; pour cet effet, j'ai résolu que mon ambassadeur près la République française, don Bernard del Campo, marquis del Campo, chevalier, grand - croix de l'ordre de Charles III, entende, admette et propose ce qui lui sera exposé, pour le bien des cours de Sardaigne et Parme, par leurs députés ou personnes qui se présenteront à lui ou lui écriront avec un pouvoir suffisant de leurs souverains respectifs; et j'espère que le gouvernement français admettra tout ce que mon susdit ambassadeur portera à leur considération en exécution des ordres qu'il recevra de moi et qu'il a déjà reçus par le passé, sans qu'aucun motif contredise les pactes qui existent. En foi de quoi, j'ai fait expédier le présent plein-pouvoir, signé de ma main, scellé de mon sceau privé, et contresigné par mon conseiller et premier secrétaire d'état. Aranjuez, le 24 mai 1796.

Moi le ROI.

Signé MANUEL DE CODOY.

contradiga los pactos g1 que existen. En fé de lo qual, ké hecho expedir el presente pleno poder, firmado de mi mano, sellado con mi sello secreto, y refrendado de mi consejero y primer secretario de estado. En Aranjuez, á veinte y quatro de mayo de mil setecientos noventa y seis.

Yo el REY.

Signé MANUEL DE GODOY.

Du 15 *pluviose, an V de la République française, une et indivisible.*

La loi du 28 brumaire an V, portant ratification du traité de paix conclu entre la République française et l'infant duc de Parme, ayant été munie du sceau de la République, et l'échange de cette ratification contre celle ci-dessus ayant été fait, le Directoire exécutif ordonne au ministre de la justice de la faire imprimer, et publier solennellement dans toute l'étendue de la République.

Pour expédition conforme, *signé* P. REUBELL, *président*; par le Directoire exécutif, *le secrétaire général*, LAGARDE.

A PARIS, de l'Imprimerie du Dépôt des Lois, place du Carrousel.

Et se trouve dans les villes chefs-lieux de départemens, au bureau de correspondance du Dépôt des Lois.

Au nom de la République française.

L O I

Contenant ratification du traité de paix conclu entre la République française et le Pape.

Du 10 Floréal an V de la République française, une et indivisible.

LE CONSEIL DES ANCIENS, adoptant les motifs de la déclaration d'urgence qui précède la résolution ci-après, APPROUVE l'acte d'urgence.

Suit la teneur de la déclaration d'urgence et de la Résolution du 19 Germinal :

Le Conseil des Cinq-cents, considérant que les victoires des armées de la République n'ont pour objet que le prompt établissement d'une paix honorable et solide;

Déclare qu'il y a urgence.

Le Conseil, après avoir déclaré l'urgence, prend la résolution suivante:

ARTICLE PREMIER.

LE TRAITÉ DE PAIX conclu à Tolentino le premier ventose de l'an V (19 février 1797 *vieux style*), entre la République française et le Pape *Pie VI*, par le citoyen *Bonaparte*, général en chef de l'armée d'*Italie* et *Cacault*, ministre de la République, munis des pleins-pouvoirs du Directoire exécutif, d'une part, et son éminence le cardinal *Mattei*, M. *Callepi*, M. le duc de *Braschi*, M. le marquis de *Massimo*, plénipotentiaires de sa sainteté, d'autre part, accepté, approuvé, ratifié et confirmé par le pape le 23 février 1797, ar-

N.º 15.   A

rêté par le Directoire exécutif le 12 germinal de l'an V de la république française une et indivisible, et dont la teneur suit :

Traité de paix entre la République française et le Pape.

Le général en chef *Bonaparte*, commandant l'armée d'*Italie*, et le citoyen
Cacault, agent de la République française en Italie, plénipotentiaires chargés
des pouvoirs du Directoire exécutif ;

Son éminence le cardinal *Mattei*,

M. *Callepi*,

M. le duc de *Braschi*,

M. le marquis *Massimo*, plénipotentiaires de sa sainteté, sont convenus des
articles suivans :

ARTICLE PREMIER.

Il y aura paix, amitié et bonne intelligence entre la République française et
le Pape *Pie VI.*

II. Le pape révoque toute adhésion, consentement et accession par écrit ou secrète, par lui donnés à la coalition armée contre la république française, à
tout traité d'alliance offensive ou défensive avec quelque puissance ou état
que ce soit. Il s'engage à ne fournir, tant pour la guerre actuelle que pour
les guerres à venir, à aucunes des puissances armées contre la république française, aucuns secours en hommes, vaisseaux, armes, munitions de guerre,
vivres et argent, à quelque titre et sous quelque dénomination que ce puisse
être.

III. Sa sainteté licenciera dans cinq jours après la ratification du présent traité
les troupes de nouvelle formation, ne gardant que ses régimens existans avant le
traité d'armistice signé à Bologne.

IV. Les vaisseaux de guerre ou corsaires des puissances armées contre la
république, ne pourront entrer et encore moins demeurer, pendant la présente
guerre, dans les ports et rades de l'État ecclésiastique.

V. La république française continuera à jouir, comme avant la guerre, de
de tous les droits et prérogatives que la France avait à Rome, et sera en tout
traitée comme les puissances les plus considérées, et spécialement à l'égard
de son ambassadeur ou ministre et des consuls et vice-consuls.

VI. Le pape renonce, purement et simplement, à tous les droits qu'il
pourrait prétendre sur les villes et territoire d'Avignon, le Comtat-Venaissin

et ses dépendances, et transporte, cède et abandonne lesdits droits à la république française.

VII. Le pape renonce également à perpétuité, cède et transporte à la République française, tous ses droits sur les territoires connus sous les noms de *légations de Bologne*, *de Ferrare* et *de la Romagne* : il ne sera porté aucune atteinte à la religion catholique dans les susdites légations.

VIII. La ville, citadelle et villages formant le territoire de la ville d'Ancône, resteront à la République française jusqu'à la paix continentale.

IX. Le pape s'oblige, pour lui et ceux qui lui succéderont, de ne transporter à personne le titre de seigneurie attaché au territoire par lui cédé à la République française.

X. Sa sainteté s'engage à faire payer et délivrer, à Foligno, aux trésoriers de l'armée française, avant le 15 du mois de ventose courant (le 5 mars 1797, *vieux style*) la somme de 15,000,000 de livres tournois de France, dont 10,000,000 en numéraire, et 5,000,000 en diamans et autres effets précieux, sur celle d'environ 16,000,000 qui restent dus suivant l'article IX de l'armistice signé à Bologne le 3 Messidor an IV, et ratifié par sa sainteté le 27 juin.

XI. Pour acquitter définitivement ce qui restera à payer pour l'entière exécution de l'armistice signé à Bologne, sa sainteté fera fournir à l'armée 800 chevaux de cavalerie enharnachés, 800 chevaux de trait, des bœufs et des buffles, et autres objets produits du territoire de l'Eglise.

XII. Indépendamment de la somme énoncée dans les deux articles précédens, le pape paiera à la République française, en numéraire, diamans ou autres valeurs, la somme de 15,000,000 de livres tournois de France, dont 10,000,000 dans le courant du mois de mars, et 5,000,000 dans le courant du d'avril prochain.

XIII. L'article VIII du traité d'armistice signé à Bologne, concernant les manuscrits et objets d'arts, aura son exécution entière et le plus prompte possible.

XIV. L'armée française évacuera l'Umbria, Perrugia, Camerino, aussitôt que l'article X du présent traité sera exécuté et accompli.

XV. L'armée française évacuera la province de Macerata, à la réserve d'Ancône, de Fano, et de leur territoire, aussitôt que les cinq premiers millions de la somme mentionnée à l'article XII du présent traité auront été payés et délivrés.

A 2

XVI. L'armée française évacuera le territoire de la ville de Fano et du duché d'Urbin, aussitôt que les cinq seconds millions de la somme mentionnée à l'article XII du présent traité auront été payés et délivrés, et que les articles III, X, XI et XIII du présent traité auront été exécutés : les cinq derniers millions faisant partie de la somme stipulée dans l'article XII, seront payés au plus tard dans le courant d'avril prochain.

XVII. La République française cède au pape tous ses droits sur les différentes fondations religieuses françaises dans les villes de Rome et Lorette; et le pape cède en toute propriété à la république, tous les biens allodiaux appartenant au saint-siège, dans les trois provinces de Ferrare, de Bologne et de la Romagne, et notamment la terre de la Merrola et ses dépendances : le pape se réserve cependant, en cas de vente, le tiers des sommes qui en proviendront lequel devra être remis à ses fondés de pouvoirs.

XVIII. Sa sainteté fera désavouer, par un ministre à Paris, l'assassinat commis sur la personne du secrétaire de légation *Basseville*. Il sera payé par sa sainteté et par elle mis à la disposition du gouvernement français la somme de 300,000 livres, pour être répartie entre ceux qui ont souffert de cet attentat.

XIX. Sa sainteté fera mettre en liberté les personnes qui peuvent se trouver détenues à cause de leurs opinions politiques.

XX. Le général en chef rendra la liberté de se retirer chez eux, à tous les prisonniers de guerre des troupes de sa sainteté, aussitôt après avoir reçu la ratification du présent traité.

XXI. En attendant qu'il soit conclu un traité de commerce entre la république française et le pape, le commerce de la république sera rétabli et maintenu dans les états de sa sainteté sur le pied de la nation la plus favorisée.

XXII. Conformément à l'article VI du traité conclu à la Haye le 27 floréal de l'an III, la paix conclue par le présent traité entre la République française et sa sainteté, est déclarée commune à la République batave.

XXIII. La poste de France sera rétablie à Rome, de la même manière qu'elle existait auparavant.

XXIV. L'école des arts, instituée à Rome pour tous les Français, y sera rétablie, et continuera d'être dirigée comme avant la guerre. Le palais appartenant à la République, où cette école était placée, sera rendu sans dégradations.

XXV. Tous les articles, clauses et conditions du présent traité, sans exception , sont obligatoires à perpétuité, tant pour sa sainteté le pape *Pie VI* que pour ses successeurs.

XXVI. Le présent traité sera ratifié dans le plus court délai possible.

Fait et signé au quartier général de Tolentino, par les susdits plénipotentiaires, le premier ventose an V de la République française, une et indivisible (19 février 1797).

Signé BONAPARTE, CACAULT ; le cardinal MATTEI, LOUIS CALLEPI, le duc BRASCHI-RUFFI, le marquis CAMILLE MASSIMO.

Pour copie conforme, *le général en chef, signé* BONAPARTE.

Pour expédition conforme, *signé* REUBELL, *président*; par le directoire exécutif, *le secrétaire général,* LAGARDE.

Le Directoire exécutif arrête et signe le présent traité de paix avec le Pape , négocié au nom de la République française par les citoyens *Bonaparte,* général en chef commandant l'armée d'*Italie,* et *Cacault,* ministre plénipotentiaire de la République.

Fait au palais national du Directoire exécutif, le 12 germinal an V de la République française, une et indivisible.

Pour expédition conforme, *signé* REUBELL, *président*; par le Directoire exécutif, *le secrétaire général,* LAGARDE ;

EST RATIFIÉ.

II. La présente résolution sera imprimée, ainsi que le traité et la ratification du Pape.

Signé LECOINTE-PUYRAVEAU, *président*; TREILHARD, DAUNOU, CHASSET, T. BERLIER, *secrétaires*.

Après une seconde lecture, le Conseil des Anciens APPROUVE la résolution ci-dessus. Le 10 Floréal an V de la République française.

Signé COURTOIS, *président*; BARROT, FLORENT GUYOT, J. T. M. GUERMEUR, CREUZÉ-PASCAL, *secrétaires*.

Le Directoire exécutif ordonne que la loi ci-dessus sera publiée, exécutée et qu'elle sera munie du sceau de la République. Fait au palais national du Directoire exécutif, le 11 Floréal an V de la République française, une et indivisible.

Pour expédition conforme, *signé* LE TOURNEUR, *président*; par le Directoire exécutif, *le secrétaire général,* LAGARDE.

Suit la teneur de la ratification du Pape :

Avendo ben riconosciuto e maturamente considerato il trattato di pace trà noi e la Repubblica francese conchiuso e firmato in nome nostro in Tolentino li 19 del corrente mese di febraro, dal cardinal Mattei *e monsig.* Callepi, *deputati ecclesiastici, e dai nobili uomini duca D.* Luidgi Braschi Onesti, *e marchese* Camillo Massimo, *deputati secolari, muniti per parte nostra delle opportune speciali facoltà e plenipotenza ; e dal generale* Bonaparte, *comandante in capite dell'armata francese in Italia, e dal cittadino* Cacault, *agente della stessa Repubblica in Italia, plenipotenziarj così incaricati dal Direttorio esecutivo della menzionata Repubblica ; il qual trattato è del seguente tenore :*

Traité de paix entre le Pape et la République française, etc.

(*Voyez* la loi qui précède.)

Lo abbiamo accettato, approvato, ratificato e confermato, come in effeto lo accettiamo, approviamo, ratifichiamo e confermiamo, promettendo, sulla nostra fede e parola, di eseguirlo e di osservarlo, e di farlo inviolabilmente esseguire ed osservare in ogni punto ed articolo, et di giammai contravvenirvi e non permettere che direttamente o indirettamente vi si contravvenga in maniera alcuna, persuasi che ugualmente sarà esseguito ed osservato nello stesso modo dalla Repubblica francese e dal generale et agente di sopra nominato. In fede di che, abbiamo firmata di nostra mano la presente approvazione, accettazione, ratifica, conferma, e comandato che vi si apponga il nostro pontificio sigillo. Dato dal Vaticano, questo di 23 febraro 1797.

Firmato *Pius P. P. VI.*

Du 24 Frimaire an VI *de la République française, une et indivisible.*

La loi du 10 floréal an V, portant ratification du traité de paix conclu entre la République française et le Pape, ayant été munie du sceau de la République, et l'échange de cette ratification ayant été fait contre celle du Pape, ci-dessus mentionnée, le Directoire exécutif ordonne au ministre de la justice de la faire imprimer, et solennellement publier dans toute de la Rupublique.

Pour expédition conforme, délivrée le 24 frimaire an VI de la République française, une et indivisible. *Signé* P. BARRAS, *président ;* par le Directoire exécutif, *le secrétaire général* LAGARDE ; *et scellé du sceau de la République.*

A PARIS, de l'Imprimerie du Dépôt des Lois, place du Carrousel.

Au nom de la République française.

L O I

Portant ratification du traité d'alliance conclu entre la République française et le roi de Sardaigne.

Du 4 Brumaire an VI de la République française, une et indivisible.

LE Conseil des Anciens, adoptant les motifs de la déclaration d'urgence qui précède la résolution ci-après, approuve l'acte d'urgence.

Suit la teneur de la déclaration d'urgence et de la Résolution du 27 Vendémiaire :

Le Conseil des Cinq-cents formé en comité général pour délibérer conformément à l'article 334 de l'acte constitutionnel ; après avoir entendu le rapport de la commission spéciale chargée de l'examen du traité d'alliance offensive et défensive entre la république française et le roi de Sardaigne, fait et signé à Turin, au nom de la République, le 16 germinal de l'an V (5 avril 1797, *vieux style*) par le citoyen *Henri-Jacques-Guillaume Clarke*, général de division, fondé de pouvoirs à cet effet, et par le chevalier D. *Clément Damian de Priocca*, chevalier grand'croix de l'ordre de SS. Maurice et Lazare, premier secrétaire d'état au département des affaires internes, au nom du roi de Sardaigne, également fondé de pouvoirs ; lequel traité a été signé par le Directoire exécutif le 22 du même mois, et soumis par un message, et conformément aux règles voulues par la constitution, à l'examen et à la ratification du Corps législatif le 16 du présent mois ; et dont suit la teneur :

TRAITÉ d'alliance offensive et défensive entre la République française et S. M. le Roi de Sardaigne.

Le Directoire exécutif de la République française et Sa Majesté le roi de Sardaigne, voulant par tous les moyens qui sont en leur pouvoir et par

N°. 15.   A une union plus étroite de leurs intérêts respectifs, contribuer à amener le plus promptement possible une paix qui fait l'objet de leurs vœux, et qui doit assurer le repos et la tranquillité de l'Italie, se sont déterminés à faire un traité d'alliance offensive et défensive, et ils ont chargé de leurs pleins-pouvoirs à cet effet, savoir, le Directoire exécutif de la République française, le citoyen *Henri-Jacques-Guillaume Clarke*, général de division des armées de la République ; et sa majesté le roi de Sardaigne, le chevalier D. *Clément Damian de Priocca*, chevalier grand'croix de l'ordre de SS. Maurice et Lazare, premier secrétaire d'état de sa majesté au département des affaires étrangères, et régent de celui des affaires internes ; lesquels, après l'échange respectif de leurs pouvoir, sont convenus de ce qui suit :

ARTICLE PREMIER.

Il y aura une alliance offensive et défensive entre la République française et sa majesté le roi de Sardaigne, jusqu'à la paix continentale : à cette époque, cette alliance deviendra purement défensive, et sera établie sur des bases conformes aux intérêts réciproques des deux puissances.

II. La présente alliance ayant pour principal objet de hâter la conclusion de la paix et d'assurer la tranquillité future de l'Italie, elle n'aura son exécution, pendant la guerre actuelle, que contre l'empereur d'Allemagne, qui est la seule puissance continentale qui mette des obstacles à des vœux si salutaires. Sa majesté le roi de Sardaigne restera neutre à l'égard de l'Angleterre et des autres puissances encore en guerre avec la République française.

III. La République française et sa majesté sarde se garantissent réciproquement et de tous leurs moyens leurs possessions actuelles en Europe, pour le tems que durera la présente alliance. Les deux puissances réuniront leurs forces contre l'ennemi commun du dehors, et ne prêteront aucun secours direct ni indirect aux ennemis de l'intérieur.

IV. Le contingent de troupes que sa majesté sarde devra fournir d'abord et en conséquence de la présente alliance, sera de 8,000 hommes d'infanterie, de 1,000 hommes de cavalerie et de 40 pièces de canon : dans le cas où les deux puissances croiraient devoir augmenter ce contingent, cette augmentation sera concertée et réglée par des commissaires munis à cet effet de pleins-pouvoirs du Directoire exécutif et de sa majesté le roi de Sardaigne.

Le contingent de troupes et d'artillerie devra être prêt et réuni à Novace ; savoir, 500 homme de cavalerie, 4,000 d'infanterie, et 12 pièces d'artillerie

de position, pour le 30 germinal courant (dix-neuf avril courant, *v. st.*) ;
le surplus, quinze jours après.

Ce contingent sera entretenu aux frais de sa majesté le roi de Sardaigne,
et recevra des ordres du général en chef de l'armée française en Italie.

Une convention particulière, dressée de concert avec ce général, réglera
le mode du service de ce contingent.

VI. Les troupes qui le formeront, participeront, proportionnellement à
leur nombre présent sous les armes, aux contributions qui seront imposées
dans les pays conquis, à compter du jour de la réunion du contingent à
l'armée de la République.

VII. La République française promet de faire à sa majesté sarde, à la paix
générale ou continentale, tous les avantages que les circonstances permettront
de lui procurer.

VIII. Aucune des deux puissances contractantes ne pourra conclure de paix
séparée avec l'ennemi commun ; et aucun armistice ne pourra être fait par
la République française aux armées qui couvrent l'italie, sans que sa majesté
Sarde y soit comprise.

IX. Toute levée de contributions imposées dans les états de sa majesté
sarde, non acquittées ou compensées, cessera immédiatement après l'échange
respectif des ratifications du présent traité.

X. Les fournitures qui, à dater de la même époque, seront faites dans les
états de sa majesté le roi de Sardaigne aux troupes françaises et aux prisonniers de guerre conduits en France, ainsi que celles qui ont eu lieu en vertu
des conventions particulières passées à ce sujet, et qui n'ont point encore
été acquittées, ou compensées par la République française en conséquence
desdites conventions, seront rendues en même nature aux troupes formant
le contingent de sa majesté sarde ; et si les fournitures à rendre excédaient
les besoins du contingent, le surplus sera acquitté en numéraire.

VI. Les deux puissances contractantes nommeront incessamment des commissaires chargés de négocier, en leur nom, un traité de commerce conforme
aux bases stipulées dans l'article VII du traité de paix conclu à Paris entre
la République française et sa majesté le roi de Sardaigne. En attendant, les
postes et les relations commerciales seront rétablies, sans délai, ainsi qu'elles
étaient avant la guerre.

VII. Les ratifications du présent traité d'alliance seront échangées à Paris
dans le plus bref délai possible.

A 2

Fait et signé à Turin, le 16 germinal an V de la République française, une et indivisible (5 avril 1797 *vieux style*). *Signé* H. CLARKE; CLÉMENT DAMIAN.

Le Directoire exécutif arrête et signe le présent traité d'alliance avec sa majesté le roi de Sardaigne, négocié, au nom de la République française, par le général de division *Henri-Jacques-Guillaume Clarke*, nommé par le Directoire exécutif, par arrêté du 13 ventose dernier, et chargé de ses instructions à cet effet.

Fait au palais national du Directoire exécutif, le 22 germinal, an V de la République française, une et indivisible.

Pour expédition conforme, *signé* L. M. RÉVEILLIÈRE-LÉPEAUX, *président*; par le Directoire exécutif, *le secrétaire général* LAGARDE.

Considérant qu'il est important d'adopter tous les moyens qui peuvent contribuer à accélérer le retour de la paix générale,

Déclare qu'il y a urgence.

Le Conseil des Cinq-cents, après avoir déclaré l'urgence prend la résolution suivante :

Le traité d'alliance offensive et défensive conclu entre la République française et sa majesté le roi de Sardaigne, est ratifié

La présente résolution et le traité seront imprimés,

Signé JOURDAN (de la Haute-Vienne), *président*; GRELIER, PISON-DU-GALAND, *secrétaires*.

Après une seconde lecture, le Conseil des Anciens APPROUVE la résolution ci-dessus. Le 4 Brumaire an VI de la république française.

Signé J. P. LACOMBE-SAINT-MICHEL, *président*; P. POMPÉI, BORDAS, CHATRY-LAFOSSE, *secrétaires*.

Le Directoire exécutif ordonne que la loi ci-dessus sera publiée, exécutée, et qu'elle sera munie du sceau de la République. Fait au Palais national du Directoire exécutif, le 4 Brumaire an VI de la République française.

Pour expédition conforme, *signé* L. M. RÉVEILLÈRE-LÉPEAUX, *président*; par le directoire exécutif, *le secrétaire général*, LAGARDE.

5

Suit la teneur de la ratification du Roi de Sardaigne :

Charles-Emmanuel, par la grace de Dieu, roi de Sardaigne, de Chypre et de Jérusalem, etc. etc. etc.

À tous ceux qui ces présentes verront, salut : comme ainsi soit que notre cher et bien amé et féal le chevalier grand'croix de notre ordre *D. Clément Damian de Priocca*, notre premier secrétaire d'état au département des affaires étrangères, et régent de celui des affaires internes, aurait en vertu de nos pleins-pouvoirs insérés ci-après, arrêté, conclu et signé dans cette capitale, le 5 du courant avril (16 germinal an V) avec le citoyen *Henri-Jacques-Guillaume Clarke*, général de division des armées de la République française, pareillement muni des pleins-pouvoirs nécessaires, le traité d'alliance offensive et défensive, dont la teneur s'en suit :

Traité d'alliance offensive et défensive entre la République française et Sa Majesté le Roi de Sardaigne.

« Le Directoire exécutif de la République française et sa majesté le Roi » de Sardaigne, voulant, par tous les moyens qui sont en leur pouvoir, etc. etc.

(*Voyez* la loi qui précède.)

Nous, ayant vu et examiné tous les articles du susdit traité d'alliance offensive et défensive, nous les avons approuvés, confirmés et ratifiés, comme par ces présentes, nous les approuvons, confirmons et ratifions pour nous, nos héritiers et successeurs, en tous et chacun des points qui y sont contenus; promettant en foi et parole de roi, de les remplir, observer et faire observer inviolablement, sans y contrevenir ni permettre qu'il y soit contrevenu en aucun temps, directement ou indirectement, sous quelque prétexte que ce soit.

En foi de quoi, nous avons signé les présentes de notre main, et fait contre-signer par le comte *Jean Villa*, premier officier de notre département des affaires étrangères, et à icelles fait apposer le sceau secret de nos armes.

Donné à Turin, ce quinze avril (26 germinal an V) l'an de grace 1797, et de notre règne le deuxième.

Signé C. EMMANUEL. Et plus bas, *signé* JEAN VILLA,

6

Du 6 Nivose, l'an VI de la République française, une et indivisible.

La loi du 4 brumaire an VI, portant ratification du traité d'alliance offensive et défensive conclu entre la république française et le roi de Sardaigne, ayant été munie du sceau de la république, et l'échange des ratifications respectives dudit traité ayant été fait le 3 frimaire dernier, le directoire exécutif ordonne au ministre de la justice de la faire imprimer, et solennellement publier dans toute l'étendue de la république.

Pour expédition conforme, *Signé* P. BARRAS, *président ;*
par le Directoire exécutif, *le secrétaire général* LAGARDE.
et scellé du sceau de la République.

A PARIS,

DE L'IMPRIMERIE DU DEPOT DES LOIS,

Place du Carrousel.

Et se trouve dans les villes chef-lieux de départemens, au bureau de correspondance du Dépôt des Lois.

Au nom de la République française.

L O I

Contenant ratification du Traité de paix conclu entre la République française et l'Empereur, roi de Hongrie et de Bohême.

Du 13 Brumaire an VI de la République française, une et indivisible.

Le Conseil des Anciens, adoptant les motifs de la déclaration d'urgence qui précède la résolution ci-après, approuve l'acte d'urgence.

Suit la teneur de la déclaration d'urgence et de la Résolution du 9 Brumaire an VI :

Le Conseil des Cinq-cents, formé en comité général pour délibérer conformément à l'article 334 de la Constitution ;

Après avoir examiné le traité de paix conclu à Campo-Formio, le 26 vendémiaire an VI, entre la République française et sa majesté l'empereur, roi de Hongrie et de Bohême, négocié au nom de la République française, par le citoyen *Bonaparte*, général en chef de l'armée d'Italie, fondé des pouvoirs du Directoire exécutif et chargé de ses instructions à cet effet ; et au nom de l'empereur et roi de Hongrie et de Bohême, par don *Martius Mastrilli*, marquis de *Gallo*, *Louis*, comte de *Cobenzl*, *Maximillien*, comte de *Merveldt*, et le baron *Ignace de Degelmann*, ses ministres plénipotentiaires au même effet, arrêté et signé par le Directoire exécutif le 5 brumaire an VI, et dont la teneur suit :

No. 15.   A

TRAITÉ de paix entre la République française et sa majesté l'Empereur et roi de Hongrie et de Bohême.

Sa majesté l'empereur des Romains et roi de Hongrie et de Bohême,

Et la République française, voulant consolider la paix dont les bases ont été posées par les préliminaires signés au château d'Eckenwald, près de Léoben en Styrie, le 18 avril 1797, (29 germinal an V de la République française, une et indivisible,) ont nommé pour leurs plénipotentiaires;

SAVOIR:

Sa majesté l'empereur et roi, le sieur D. *Martius-Mastrilli*, noble patricien napolitain, marquis *de Gallo*, chevalier de l'ordre royal de Saint-Janvier, gentilhomme de la chambre de sa majesté le roi des Deux-Siciles, et son ambassadeur extraordinaire à la cour de Vienne;

Le sieur *Louis*, comte du saint-empire romain *de Cobenzl*, grand'croix de l'ordre royal de Saint-Etienne, chambellan, conseiller d'état intime actuel de sadite majesté impériale et royale apostolique, et son ambassadeur extraordinaire près sa majesté impériale de toutes les Russies;

Le sieur *Maximilien*, comte *de Merveldt*, chevalier de l'ordre Teutonique et de l'ordre militaire de Marie-Thérèse, chambellan, et général-major de cavalerie dans les armées de sadite majesté l'empereur et roi;

Et le sieur *Ignace*, baron *de Degelmann*, ministre plénipotentiaire de sadite majesté près la République helvétique;

Et la République française, *Bonaparte*, général en chef de l'armée française en Italie;

Lesquels, après l'échange de leurs pleins-pouvoirs respectifs, ont arrêté les articles suivans:

ARTICLE PREMIER.

Il y aura à l'avenir, et pour toujours, une paix solide et inviolable entre sa majesté l'empereur des Romains, roi de Hongrie et de Bohême, ses héritiers et successeurs, et la République française. Les parties contractantes apporteront la plus grande attention à maintenir entres elles et leurs états une parfaite intelligence, sans permettre dorénavant que de part ni d'autre on commette aucune sorte d'hostilités par terre ou par mer, pour quelque cause ou sous quelque prétexte que ce puisse être ; et on évitera soigneusement tout ce qui pourrait altérer à l'avenir l'union heureusement établie. Il ne sera donné aucuns secours ou protection, soit directement soit indirectement, à ceux qui voudraient porter quelque préjudice à l'une ou à l'autre des parties contractantes.

II. Aussitôt après l'échange des ratifications du présent traité, les parties contractantes feront lever tout séquestre mis sur les biens, droits et revenus des particuliers résidant sur les territoires respectifs et les pays qui y sont réunis, ainsi que des établissemens publics qui y sont situés : elles s'obligent à acquitter tout ce qu'elles peuvent devoir pour fonds à elles prêtés par lesdits particuliers et établissemens publics, et à payer ou rembourser toutes rentes constituées à leur profit sur chacune d'elles.

Le présent article est déclaré commun à la République cisalpine.

III. Sa majesté l'empereur, roi de Hongrie et de Bohême, renonce, pour elle et ses successeurs, en faveur de la République française, à tous ses droits et titres sur les ci-devant provinces belgiques, connues sous le nom de *Pays-bas autrichiens*. La République française possédera ces pays à perpétuité, en toute souveraineté et propriété, et avec tous les biens territoriaux qui en dépendent.

IV. Toutes les dettes hypothéquées, avant la guerre, sur le sol des pays énoncés dans les articles précédens, et dont les contrats seront revêtus des formalités d'usage, seront à la charge de la République française. Les plénipotentiaires de sa majesté l'empereur, roi de Hongrie et de Bohême, en remettront l'état, le plutôt possible, au plénipotentiaire de la République française, et avant l'échange des ratifications, afin que, lors de l'échange, les plénipotentiaires des deux puissances puissent convenir de tous les articles explicatifs ou additionels au présent article, et les signer.

V. Sa majesté l'empereur, roi de Hongrie et de Bohême, consent à ce que la République française possède en toute souveraineté les îles ci-devant vénitiennes du Levant ; savoir, Corfou, Zante, Céphalonie, Sainte-Maure, Cerigo, et autres îles en dépendantes, ainsi que Butrinto, Larta, Vonizza, et

Traité de Paix avec l'Empereur, an VI. N° 623.　　　A 2

en général tous les établissemens ci-devant vénitiens en Albanie, qui sont situés plus bas que le golfe de Lodrino.

VI. La république française consent à ce que sa majesté l'empereur et roi possède en toute souveraineté et propriété les pays ci-dessous désignés, savoir, l'Istrie, la Dalmatie, les îles ci-devant vénitiennes de l'Adriatique, les bouches du Cattaro, la ville de Venise, les lagunes et les pays compris entre les états héréditaires de sa majesté l'empereur et roi, la mer Adriatique, et une ligne qui partira du Tyrol, suivra le torrent en avant de la Gardola, traversera le lac de Garda jusqu'à la Cise ; de là une ligne militaire jusqu'à San-Giacomo, offrant un avantage égal aux deux parties, laquelle sera désignée par des officiers du génie nommés de part et d'autre avant l'échange des ratifications du présent traité. La ligne de limite passera ensuite entre l'Adige à San-Giacomo, suivra la rive gauche de cette rivière jusqu'à l'embouchure du canal Blanc, y compris la partie de Porto-Legnago qui se trouve sur la rive droite de l'Adige, avec l'arrondissement d'un rayon de trois mille toises. La ligne se continuera par la rive gauche du canal Blanc, la rive gauche du Tartaro, la rive gauche du canal dit la Polisella jusqu'à son embouchure dans le Pô, et la rive gauche du grand Pô jusqu'à la mer,

VII. Sa majesté l'empereur, roi de Hongrie et de Bohême, renonce à perpétuité, pour elle, ses successeurs et ayant-cause, en faveur de la République cisalpine, à tous les droits, et titres provenant de ces droits, que sadite majesté pourrait prétendre sur les pays qu'elle possédait avant la guerre, et qui font maintenant partie de la République cisalpine, laquelle les possédera en toute souveraineté et propriété, avec tous les biens territoriaux qui en dépendent.

VIII. Sa majesté l'empereur, roi de Hongrie et de Bohême, reconnaît la République cisalpine comme puissance indépendante.

Cette République comprend la ci-devant Lombardie autrichienne, le Bergamasque, le Bressan, le Cremasque, la ville et forteresse de Mantoue, le Mantouan, Peschiera, la partie des états ci-devant vénitiens à l'ouest et au sud de la ligne désignée dans l'article VI pour la frontière des états de sa majesté l'empereur en Italie ; le Modénois, la principauté de Massa et Carrara, et les trois légations de Bologne, Ferrare et la Romagne.

IX. Dans tous les pays cédés, acquis ou échangés par le présent traité, il sera accordé à tous les habitans et propriétaires quelconques, main-levée du séquestre mis sur leurs biens, effets et revenus, à cause de la guerre qui a eu lieu entre sa majesté impériale et royale et la République française, sans qu'à cet égard ils puissent être inquiétés dans leurs biens ou personnes. Ceux qui ont, à l'avenir, voudront cesser d'habiter lesdits pays, seront tenus d'en faire la déclaration trois mois après la publication du traité de paix définitif: ils auront le terme de trois ans pour vendre leurs biens meubles, immeubles, ou en disposer à leur volonté.

X. Les pays cédés, acquis ou échangés par le présent traité, porteront à ceux auxquels ils demeureront les dettes hypothéquées sur leur sol.

XI. La navigation de la partie des rivières et canaux servant de limites entre les possessions de sa majesté l'empereur, roi de Hongrie et de Bohême, et celles de la République cisalpine, sera libre, sans que l'une ni l'autre puissance puisse y établir aucun péage, ni tenir aucun bâtiment armé en guerre ; ce qui n'exclut pas les précautions nécessaires à la sûreté de la forteresse de Porto-Legnago.

XII. Toutes ventes ou aliénations faites, tous engagemens contractés, soit par les villes ou par le Gouvernement ou autorités civiles et administratives des pays ci-devant vénitiens, pour l'entretien des armées allemandes et françaises, jusqu'à la date de la signature du présent traité, seront confirmés et et regardés comme valides.

XIII. Les titres domaniaux et archives des différens pays cédés ou échangés par le présent traité, seront remis, dans l'espace de trois mois, à dater de l'échange des ratifications, aux puissances qui en auront acquis la propriété. Les plans et cartes des forteresses, villes et pays que les puissances contractantes acquièrent par le présent traité, leur seront fidèlement remis.

Les papiers militaires et registres pris dans la guerre actuelle aux états-majors des armées respectives, seront pareillement rendus.

XIV. Les deux parties contractantes, également animées du désir d'écarter tout ce qui pourrait nuire à la bonne intelligence heureusement établie entre elles, s'engagent, de la manière la plus solennelle, à contribuer de tout leur pouvoir au maintien de la tranquillité intérieure de leurs états respectifs.

XV. Il sera conclu incessamment un traité de commerce établi sur des bases équitables, et telles qu'elles assurent à sa majesté l'empereur, roi de Hongrie et de Bohême, et à la République française, des avantages égaux à ceux dont jouissent dans les états respectifs les nations les plus favorisées.

En attendant, toutes les communications et relations commerciales seront rétablies dans l'état où elles étaient avant la guerre.

XVI. Aucun habitant de tous les pays occupés par les armées autrichiennes et françaises, ne pourra être poursuivi ni recherché, soit dans sa personne, soit dans ses propriétés, à raison de ses opinions politiques, ou actions civiles, militaires et commerciales, pendant la guerre qui a eu lieu entre les deux puissances.

XVII. Sa majesté l'empereur, roi de Hongrie et de Bohême, ne pourra, conformément aux principes de neutralité, recevoir dans chacun de ses ports, pendant le cours de la présente guerre, plus de six bâtimens armés en guerre, appartenante à chacune des puissances belligérantes.

XVIII. Sa majesté l'empereur, roi de Hongrie et de Bohême, s'oblige à céder au duc de Modène, en indemnité des pays que ce prince et ses héritiers avaient en Italie, le Brisgaw, qu'il possédera aux mêmes conditions que celles en vertu desquelles il possédait le Modénois.

XIX. Les liens fonciers et personnels non aliénés de leurs altesses royales l'archiduc *Charles* et l'archiduchesse *Christine*, qui sont situés dans les pays cédés à la république française, leur seront restitués, à la charge de les vendre dans l'espace de trois ans.

Il en sera de même des biens fonciers et personnels de son altesse royale l'archiduc *Ferdinand* dans le territoire de la république cisalpine.

XX. Il sera tenu à Rastadt un congrès uniquement composé des plénipotentiaires de l'Empire germanique et de ceux de la République française, pour la pacification entre ces puissances. Ce congrès sera ouvert un mois après la signature du présent traité ou plutôt s'il est possible.

XXI. Tout les prisonniers de guerre fait de part et d'autre, et les ôtages enlevés ou donnés pendant la guerre, qui n'auraient pas été restitués, le seront dans quarante jours, à dater de celui de la signature du présent traité.

XXII. Les contributions, livraisons, fournitures et prestations quelconques de guerre, qui ont eu lieu dans les états respectifs des puissances contractantes, cesseront à dater du jour de l'échange des ratifications du présent traité.

XXIII. Sa majesté l'empereur, roi de Hongrie et de Bohême, et la République française, conserveront entre elles le même cérémonial, quant au rang et aux autres étiquettes, que ce qui a été constamment observé avant la guerre.

Sadite majesté et la République cisalpine auront entre elles le même cérémonial d'étiquette que celui qui était d'usage entre sadite majesté et la République de Venise.

XXIV. Le présent traité de paix est déclaré commun à la République batave.

XXV. Le présent traité sera ratifié par sa majesté l'empereur, roi de Hongrie et de Bohême, et la République française, dans l'espace de trente jours, à dater d'aujourd'hui, ou plutôt si faire se peut ; et les actes de ratification, en dûe forme, seront échangées à Rastadt.

Fait et signé à Campo-Formio, près d'Udine, le 17 octobre 1797, (26 vendémiaire an VI de la république française, une et indivisible.)

Signé BONAPARTE ; le marquis DE GALLO ; LOUIS, comte de COBENZL ; le comte DE MERVELDT, *général-major ;* le baron DE DEGELMANN.

LE DIRECTOIRE EXÉCUTIF ARRÊTE et signe le présent traité de paix avec sa majesté l'empereur et roi de Hongrie et de Bohême, négocié au nom de la République française par le citoyen *Bonaparte*, général en chef de l'armée d'*Italie*, fondé des pouvoirs du Directoire exécutif et chargé de ses instructions à cet effet.

Fait au Palais national du Directoire exécutif, le 5 Brumaire an VI de la République française, une et indivisible.

Pour expédition conforme, *Signé* L. M. RÉVELLIÈRE-LÉPEAUX, *président ;*
par le Directoire exécutif, *le secrétaire général*, LAGARDE.

Considérant que l'humanité commande de saisir toutes les occasions de faire succéder la paix aux malheurs inséparables de la guerre,

Déclare qu'il y a urgence.

Le Conseil des Cinq-cents, après avoir déclaré l'urgence, prend la résolution suivante :

Le Traité de paix conclu à Campo-Formio, le 26 vendémiaire an VI, entre la république française et l'empereur et roi de Hongrie et de Bohême, dont la teneur est ci-dessus, est ratifié.

La présente résolution, y compris le traité, sera imprimée.

Signé Villers, président;
Porte, Boulay, (de la Meurthe) Gayvernon, Talot, secrétaires.

Après une seconde lecture, le Conseil des Anciens approuve la résolution ci-dessus. Le 13 Brumaire an VI de la République française.

Signé J. P. Lacombe-Saint-Michel, Président,
Bordas, P. Pompei, Chatry-Lafosse, Desmazières, secrétaires.

Le Directoire exécutif ordonne que la loi ci-dessus sera publiée, exécutée, et qu'elle sera munie du sceau de la République.

Fait au Palais national du Directoire exécutif, le 13 Brumaire an VI de la République française.

Pour expédition conforme, signé L. M. Révellière-Lépeaux, président ;
par le Directoire exécutif, le secrétaire général, Lagarde;

Suit la teneur de la ratification faite par l'empereur, le 3 novembre 1797, (13 brumaire an VI,) du traité de paix conclu entre lui et la République française.

Nos, visis et accuratè perpensis omnibus et singulis dicti tractatûs pacis definitivi articulis, illum in omnibus et singulis capitibus ratum omninò et gratum habuimus, eumque ratum gratumque habere hisce declaramus ac profitemur ; verbo nostro cæsareo, regio et archiducali, pro nobis, heredibus et successoribus nostris, spondentes nos ea et singula quæ in illo continentur, fideliter adimpleturos, nec, ut à nostris, his qvomodocumque contraveniatur unquàm permissuros fore. In quorum fidem ac robur, præsens ratihabitionis nostræ instrumentum manu nostrâ signavimus, sigilloque nostro cæsareo, regio, archiducali, majori appenso firmari mandavimus.

Dabantur in civitate nostrâ Viennæ, die tertiâ novembris, anno domini millesimo septingentesimo nonagesimo septimo, regnorum nostrorum romano-germanici et hereditariorum sexto.

Signatum **FRANCISCUS.**

L. Baro DE THUGUT.

Ad mandatum sacræ, cæsareæ ac regiæ apostolicæ majestatis proprium.

Signatum EGIDIUS baro DE COLLENBACH.

Suit la teneur des pleins-pouvoirs du citoyen *Bonaparte*, général en chef de l'armée d'*Italie.*

Paris, le 18 Fructidor an V de la République française, une et indivisible.

LE DIRECTOIRE EXÉCUTIF, après avoir ouï le rapport du ministre des relations extérieures, ARRÈTE ce qui suit :

Le citoyen *Bonaparte*, général en chef de l'armée d'*Italie*, est autorisé à négocier, conclure et signer avec les plénipotentiaires de sa majesté l'empereur, roi de Hongrie et de Bohême, un traité de paix définitif entre la République française et sadite majesté. Le Directoire lui donne, à cet effet, les pleins-pouvoirs nécessaires. Il se conformera aux instructions qui lui ont été données, et rendra compte des progrès et de l'issue des négociations.

Le présent arrêté ne sera pas imprimé quant à présent.

Pour expédition conforme, *signé*, L. M. REVELLIÈRE-LEPEAUX, *président;* par le Directoire exécutif, *le secrétaire général*, LAGARDE.

Suit la teneur des pleins-pouvoirs de MM. le marquis *de Gallo*, le comte *de Merveldt*, le baron *de Degelmann*, ministres plénipotentiaires de l'empereur.

Nos Franciscus secundus, divinâ favente clementiâ, electus Romanorum imperator semper augustus Germaniæ, Hungariæ, Bohemiæ, Dalmatiæ, Croatiæ, Slavoniæ, Galiciæ, Lodomeriæ et Hierosolymæ rex, archidux Austriæ, etc. etc.; notum testatumque omnibus et singulis quorum interest, tenore præsentium facimus : stabilitis feliciter inter nos et Rempublicam Galliæ et utrinque ratihabitis præliminaribus pacis articulis, ambæ contrahentes partes ulteriùs inter se convenerunt ut plenipotentiarii plenâ utrinque agendi facultate muniti denominentur, qui de conficiendâ pace definitivâ consilia conferant, dis-

quirant, tractent et concludere pro viribus satagant. Nos igitur, salutari adeò operi ultimam manum lubenter admovere volentes, tres seligere plenipotentiarios nostros decrevimus, ut cum Reipublicæ Galliæ plenipotentiario vel plenipotentiariis, pari plenâ agendi facultate instructo vel instructis, negocium hoc inchoent et ad felicem exitum perducere conentur ; videlicet, primum, Martium Mastrillum, neapolitanum patricium, Galli marchionem, ordinis Sancti-Januarii equitem torquatum, serenissimi utriusque Siciliæ regis cubicularium intimum, et in aulâ nostrâ oratorem, extrà ordinem ; secundum, Maximilianum, comitem à Merveldt, ordinis nostri militarii Mariæ-Theresiæ equitem, cubicularium nostrum actualem, et in exercitibus nostris generalem, vigiliarum præfectum ; et tertium, Ignatium, liberum baronem à Degelmann, ministrum nostrum plenipotentiarium ad Rempublicam helveticam, viros compertæ fidei, integritatis et prudentiæ, quos proindè hisce plenipotentiarios nostros denominamus, plenamque illis agendi facultatem impertimur ; quòd si verò unus vel alter absens, aut aliâ causâ prepeditus fuerit, reliqui vel reliquus eamdem omninò ac omnes tractandi facultatem habeant vel habeat ; verbo nostro cæsareo, regio et archiducali spondentes et adpromittentes nos ea omnia quæ prædicti nostri plenipotentiarii, et in casu impedimenti, unus vel alter eorum, hac in re tractaverint, concluserint et signaverint, rata grataque habituros, et ratihabitionis nostræ instrumentum tempore quo conventum erit, extradi jussuros esse. In quorum fidem, præsentes plenipotentiæ nostræ tabulas manu nostrâ signavimus, sigilloque nostro cæsareo, regio, archiducali, majori firmari mandavimus.

Dabantur in civitate nostrâ Viennæ, die quartâ augusti, anno domini millemiso septingentesimo nonagesimo septimo, regnorum nostrorum romano-germanici et hereditariorum sexto.

Signatum *FRANCISCUS.*

L. baro DE THUGUT.

Ad mandatum sacræ, cæsareæ ac regiæ apostolicæ majestatis proprium.

Signatum EGIDIUS *baro* DE COLLENBACH.

Pour copie conforme à l'original : *Signé* le marquis DE GALLO ; le comte DE MERVELDT, *général-major ;* le baron DE DEGELMANN.

Pour copie conforme, *le général de division, ministre plénipotentiaire de la République française, Signé* H. CLARKE.

Pour copie conforme, *signé* L. M. REVELLIERE-LEPEAUX.

Suit la teneur des pleins-pouvoirs du comte *de Cobenzl.*

Franciscus II, etc. etc. notum testatumque omnibus et singulis quorum interest vel interesse potest, tenore præsentium facimus, ut luculentissimum ad posteros extet monumentum, à nobis nihil unquam desiderari potuisse, quin pax, quies et tranquillitas, unanimi omnium voce ardenter adeo expetita, afflictæ restituatur Europæ; gravissimis his felicitatem generis humani respicientibus causarum momentis permoti, extraordinarium denominare decrevimus, ac proindè denominavimus plenipotentiarium nostrum, fidelem nobis, dilectum Ludovicum, S. R. imperii comitem à Cobenzl, regii ordinis Sancti-Stephani, regis apostolici primæ classis equitem, nobis a cubiculis et consiliis intimis, et oratorem nostrum extra ordinem ad imperatoriam omnium Russiarum aulam, virum spectatæ fidei, prudentiæ ac rari animi candoris, amplissimamque illi specialem, omnimodam ac illimitatam agendi facultatem hisce impertimur, qui cum Reipublicæ gallicæ plenipotentiario vel plenipotentiariis, pari plenâ agendi facultate munitis, de conficiendis æquæ ac stabilis pacis conditionibus, pro eo quo egregiè potest, animos conciliandi studio consilia conferat, agat et concludere satagat; verbo nostro cæsareo, regio et archiducali, pro nobis, heredibus et successoribus nostris spondentes nos ea omnia quæ prænominatus hic plenipotentiarius noster, nomine et jussu nostro desuper egerit, concluserit et signaverit, rata omninò grataque habituros, ac ratihabitionis nostræ solemne instrumentum, tempore quo conventum erit, extradi jussuros esse. In quorum fidem et robur, præsentes plenipotentiæ nostræ tabulas manu nostrâ signavimus, sigilloque nostro cæsareo, regio et archiducali majori firmari mandavimus.

Dabantur in civitate nostrâ Viennæ, die vigesimâ septembris, anno domini millesimo septingentesimo nonagesimo septimo, regnorum nostrorum romano-germanici et hereditariorum sexto.

Pour copie conforme à l'original:

Signé le marquis DE GALLO; LOUIS, comte DE COBENZL;
le comte DE MERWELDT, *général-major*; le baron DE DEGELMANN.

Pour copie conforme, signé BONAPARTE.

Pour copie conforme, *signé* L. M. REVELLIERE-LEPEAUX.

Du 25 Frimaire an VI de la République française, une et indivisible.

La loi du 13 brumaire, portant ratification du Traité de paix conclu entre la République française et l'Empereur, roi de Hongrie et de Bohême, ayant été munie du sceau de la République, et l'échange des ratifications respectives dudit traité ayant été fait,

Le Directoire exécutif ordonne au ministre de la justice de la faire imprimer et publier solennellement dans toute l'étendue de la République.

Pour expédition conforme, *signé* P. BARRAS, *président ;*
par le Directoire exécutif, *le secrétaire-général,* LAGARDE.
et scellé du sceau de la République.

A PARIS,

DE L'IMPRIMERIE DU DEPOT DES LOIS,

Place du Carrousel.

Et se trouve dans les villes chef-lieux de départemens, au bureau de correspondance du Dépôt des Lois.

'Au nom de la République française.

L O I

Qui ratifie le traité de réunion de la République de Mulhausen à la République française.

Du 11 Ventose an VI de la République française, une et indivisible.

LE CONSEIL DES ANCIENS, adoptant les motifs de la déclaration d'urgence qui précède la résolution ci-après, approuve l'acte d'urgence.

Suit la teneur de la déclaration d'urgence et de la Résolution du 4 Ventose :

Le Conseil des Cinq-cents, considérant qu'il est avantageux pour la République française d'accéder au vœu librement émis par les citoyens composant la République et l'Etat de Mulhausen, et dont le résultat se trouve consigné dans le traité de réunion des 9 et 10 pluviose dernier, arrêté et signé par le Directoire exécutif le 22 du même mois ;

Considérant qu'un des principaux effets dudit traité étant de faire jouir le peuple de Mulhausen des droits attachés au titre de citoyen français, il est instant de prononcer sur cet acte de réunion avant l'époque des prochaines élections,

Déclare qu'il y a urgence.

Le Conseil, après avoir déclaré l'urgence, prend la résolution suivante :

N°. 1, 15.　　　　　　　　　　　　　　　　A

ARTICLE PREMIER.

Le traité de de réunion de la République de Mulhausen à la République française, passé à Mulhausen et à Ilzach les 9 et 10 pluviose dernier, arrêté et signé par le Directoire exécutif le 22 du même mois., et dont la teneur suit :

Traité de réunion de la République de Mulhausen à la République française.

Le Directoire exécutif de la République française, instruit que les vœux des magistrats, conseils, citoyens et habitans de la République de Mulhausen se déclaraient pour la réunion à la République française et l'incorporation à la grande nation ; et voulant donner aux plus anciens alliés de la France une dernière preuve de son amitié généreuse, a nommé le citoyen *Jean - Ulric Metzger*, membre de l'administration centrale du département du Haut-Rhin, commissaire du Gouvernement, pour constater les vœux émis pour la réunion, et en stipuler le mode et les conditions : pour lequel effet les magistrats, conseils et citoyens de la République de Mulhausen ont nommé pour traiter et stipuler en leur nom,

Messieurs

Jean Hofer, bourgmestre ;
Josuë Hofer, syndic ;
Paul Huguenin, } membres du grand-conseil ;
Jérémie Koechlin,
Jacques Koechlin, l'un des quarante adjoints au grand-conseil ;
Sébastien Spoerlin, notable,

Tous de la ville de Mulhausen ; lesquels MM. les députés sont également, et autant que besoin, particulièrement chargés et autorisés de stipuler pour les habitans d'Ilzach et de Modenheim, formant dépendances de la République de Mulhausen : et le commissaire du Gouvernement français s'étant certioré et fait constater, par actes authentiques ci-annexés, l'émission libre des vœux pour la réunion, les commissaires et députés ont produit et échangé leurs pleins pouvoirs, et sont convenus des articles ci-après :

ARTICLE PREMIER.

La République française accepte le vœu des citoyens de la République de Mulhausen et celui des habitans de la commune d'Ilzach et de son annexe Modenheim, formant une dépendance de Mulhausen, et déclare lesdits citoyens et habitans *Français nés.*

II. Le Gouvernement français, pour donner une marque de son attachement à ses anciens alliés, consent à prolonger leur état de neutralité, et les dispense, par conséquent, de toutes réquisitions réelles et personnelles et du logement des gens de guerre, pendant la durée de la guerre, jusqu'à la paix générale.

III. Les citoyens et habitans de Mulhausen, d'Ilzach et de Modenheim, qui voudront quitter, auront la faculté de transporter en Suisse ou ailleurs leurs personnes et fortune dûment constatées ; on leur accorde une année, à dater de l'échange de la ratification des présentes, pour sortir, et trois ans pour opérer la vente et liquidation de leurs biens et créances.

IV. Les biens de la ville, tant ceux qu'elle possède dans sa propre banlieue, que ceux qui lui appartiennent dans la banlieue d'Ilzach, et qui sont régis par le magistrat et ses agens; ceux alloués à l'hôpital; les maisons publiques et celles qui contiennent des fonctionnaires publics; les moulins, usines, terres labourables, prés, pacages, forêts, situés soit dans l'enclave du territoire de Mulhausen, soit hors ladite enclave, ainsi que les rentes et cens qui pourraient être dûs soit à la commune, soit à l'hôpital ou telle autre corporation ou fondation de Mulhausen; en général, tout ce qui fait partie du patrimoine de ladite République, et ce qui s'entend sous le nom générique de biens communaux, appartiendront en toute propriété et sans aucune soustraction à la commune de Mulhausen.

V. Les maisons, immeubles, meubles et capitaux qui étaient l'appanage des six corporations appelées Tribus (*Zünste*), sont également regardés comme biens communaux.

VI. Les forêts, maisons et biens-fonds des ordres Teutonique et de Malte, de même que ce que possèdent en ville le chapitre d'Arlesheim, et l'abbaye de Lucelles sont acquis à la commune.

VII. Les dispositions que la République Mulhausen aura prises ou prendra encore, jusqu'à l'échange de la ratification des présentes, relativement aux biens énoncés ès articles IV, V et VI; seront exécutées selon leur forme et teneur.

VIII. Les maisons, capitaux, rentes, terres, forêts, communaux et chènevières que la ville de Mulhausen vient de céder aux habitans d'Ilzach, et de Modenheim, annexe dudit Ilzach, leur appartiendront en pleine propriété, sans aucune distraction, et ils en disposeront ainsi qu'ils aviseront et de la manière qui paraîtra la plus convenable à leurs intérêts.

IX. Pour encourager l'agriculture paralysée de la commune de Mulhausen et dépendances, le Gouvernement français déclare que les rentes foncières, emphytéotiques, et en général que conques, qui pesaient sur les biens-fonds et immeubles des citoyens de Mulhausen et de leurs dépendances au profit des ordres mentionnés dans l'article VI, et qui appartiendraient à la nation, soct abolies sans indemnié : les possesseurs légitimes de ces biens seront délivrés de toute rétribution, et en jouiront en parfaite propriété.

X. Le tribunal du commerce existant dans la commune de Mulhausen, y sera maintenu et organisé d'après les lois de la République française. Il y aura deux notariats dans la ville de Mulhausen; l'un sera exercé par l'ancien greffier-tabellion, et le second par un citoyen à nommer : les titres, documens et protocoles de la chancellerie seront déposés aux archives, qui auront un garde d'archives, à salarier par la commune. Il sera établi, pour faciliter les relations commerciales une poste aux chevaux à Mulhausen; celles des lettres y est maintenue. Le Gouvernement français fera établir la communication directe avec Bâle, Colmar et Belfort; et pour faciliter l'expédition des affaires, il sera établi un bureau du timbre et d'enregistrement dans la commune de Mulhausen : l'époque de son activité sera fixée par le Gouvernement, ainsi que celle des paiemens des contributions personnelles et foncières, et comme il n'existe ni cadastre ni matrice de rôles puisque les citoyens de Mulhausen ont été exempts des contributions, il sera établi une commission qui s'occupera de la confection du cadastre, et des opérations préliminaires pour fixer et répartir les contributions.

Et pour assurer le commerce et l'industrie de Mulhausen, et maintenir le crédit des entrepreneurs qui travaillent avec des capitaux étrangers, le Gouvernement français déclare qu'il entend conserver aux capitalistes de Mulhausen et dépendances, Suisses et autres étrangers, les mêmes droits et le même système de législation qui existaient avant la réunion de la République de

Mulhausen, pour tous les actes et engagemens antérieurs à cette époque : tous les actes, soit hypothécaires, soit sous seing-privé, les dispositions, testamens, legs et tous les jugemens antérieurs à la ratification des présentes, seront exécutés d'après les lois statutaires de la ville de Mulhausen.

XI. La République de Mulhausen renonce à tous les liens qui l'unissaient au Corps helvétique; elle dépose et verse dens le sein de la République française, ses droits à une souveraineté particulière; et charge le Gouvernement français de notifier aux Cantons helvétiques, de la manière la plus amiable, que leurs anciens alliés feront désormais partie intégrante d'un peuple qui ne leur est pas moins cher, et dans lequel ils ne cesseront pas d'être en relation intime avec leurs anciens amis.

XII. La ratification du présent traité sera échangée dans le mois, à compter du jour de la signature.

Fait à Mulhausen, le 9 pluviose an VI. Signé *Hofer*, bourgmestre; *J. Hofer*, syndic; *Paul Huguenin, Jéremie Koechlin, Jacques Koechlin, Sébastien Speerlin*, et *Jean-Ulric Metzger*.

Cejourd'hui 10 pluviose an VI, dix heures du matin, devant toute la bourgeoisie convoquée et assemblée, a été lu en français et traduit en allemand le traité portant les conditions de réunion de la République de Mulhausen à la République française, signé le jour d'hier par le commissaire du Gouvernement et les députés de notre République. Quoi fait, la bourgeoisie a déclaré à l'unanimité accepter, ratifier le contenu audit traité, et a de suite chargé et donné pleins pouvoirs aux sieurs *Jean-Henri Dollfus*, bourgmestre; *Jean-Jacques Risler*, tribun; *Jean-George Schlumberger, Rodolphe Ehrsam, Jean - Henri Zetter*, membres du grand-conseil; *David Kœnig, Jean-George Holtzschuh*, adjoints au grand-conseil; *Rodolphe Kust, Jean-George Benner, Isaac Schlumberger*, de la bourgeoisie, d'accepter, ratifier et signer en leur nom cedit traité, a arrêté en outre qu'il sera, après la signature portant ratification, de suite remis au citoyen *Jean-Ulric Metzger*, commissaire du Gouvernement français, pour être par lui transmis sans délai au Directoire exécutif; et ont signé.

Signé *Jean - Henri Dollfus*, bourgmestre, régent; *J. J.ˢ Risler*, tribun; *J.ⁿ G.ᵉ Schlumberger, Rodolphe Ehrsam, J. H. Zetter*, membres du grand-conseil; *D.ᵈ Kœnig, J.ⁿ G.ᵉ Holtzschuh*, adjoints au grand-conseil; *Rodolphe Kust, J.ⁿ G.ᵉ Benner, Isaac Schlumberger*, de la bourgeoisie.

Le présent traité ayant été lu, ainsi que la traduction en allemand, devant l'assemblée des habitans d'Ilzach, convoqués à cet effet; ils ont unanimement déclaré accepter le présent traité en ce qui les concerne, et ont nommé, pour signer et ratifier en leur nom, les quatre citoyens soussignés.

Fait à Ilzach, le 10 pluviose an VI. Signé *Jean-George Gayelin*, *Pierre Meyer*, *Conrad Weber*, *Jean-Ulric Steinbach*.

Le Directoire exécutif arrête et signe le présent traité de réunion de la République de Mulhausen à la République française, négocié au nom de la République française par le citoyen *Jean-Ulric Metzger*, membre de l'administration centrale du département du Haut-Rhin, nommé par le Directoire exécutif, par arrêté du 9 pluviose an VI, commissaire du Gouvernement, et chargé de ses instructions à cet effet.

Fait au Palais national du Directoire exécutif, le 22 Pluviôse an VI de la République française, une et indivisible.

Pour expédition conforme, *signé* P. BARRAS, *président*;
Par le Directoire exécutif, *le secrétaire-général*, LAGARDE.

EST RATIFIÉ;

Et en conséquence les habitans de la République de Mulhausen sont déclarés, par le Corps législatif, citoyens français nés, et leur territoire est uni à celui du département du Haut-Rhin.

II. La présente résolution sera imprimée.

Signé HARDY, *président*;
ENGERRAND, QUIROT, ESCHASSERIAUX jeune, *secrétaires*.

Après une seconde lecture, le Conseil des Anciens APPROUVE la résolution ci-dessus. Le 11 Ventose an VI de la République française.

Signé BORDAS, *président*;
BAZOCHE, GAUTHIER, GUCHAN, HÉRARD, *secrétaires*.

Le Directoire exécutif ordonne que la loi ci-dessus sera publiée, exécutée, et qu'elle sera munie du sceau de la République. Fait au palais national du Directoire exécutif, le 12 Ventose an VI de la République française, une et indivisible.

Pour expédition conforme, *signé* MERLIN, *président*;
par le Directoire exécutif, *le secrétaire général*, LAGARDE;
et scellé du sceau de la République.

A PARIS. DE L'IMPRIMERIE DU DÉPÔT DES LOIS, PLACE DU CARROUSEL.

Au nom de la République française.

LOIS

CONTENANT *ratification des Traités d'alliance et de commerce entre la République Française et la République Cisalpine.*

Du 27 Ventose an VI de la République française une et indivisible.

1.° *LOI contenant ratification d'un Traité d'alliance entre la République Française et la République Cisalpine.*

Du 27 Ventose an VI.

LE CONSEIL DES ANCIENS, adoptant les motifs de la déclaration d'urgence, qui précède la résolution ci-après, approuve l'acte d'urgence.

Suit la teneur de la déclaration d'urgence et de la résolution du 11 Ventose.

LE Conseil des Cinq-cents considérant qu'il est instant de resserrer et consolider les liens politiques qui unissent déjà la République française et la République cisalpine,

Déclare qu'il y a urgence.

Le Conseil, après avoir déclaré l'urgence, prend la résolution suivante :

N°. 11, 15.   A

Le traité d'alliance arrêté et conclu par le Directoire exécutif, le 3 du présent mois de ventose, avec la République cisalpine, dont la teneur suit :

TRAITÉ d'alliance entre la République Française et la République cisalpine.

ARTICLE PREMIER.

La République française reconnaît la République cisalpine comme puissance libre et indépendante ; elle lui garantit sa liberté, son indépendance et l'abolition de tout Gouvernement antérieur à celui qui la régit maintenant.

II. Il y aura à perpétuité entre les deux Républiques française et cisalpine, paix, amitié et bonne intelligence.

III. La République cisalpine s'engage à prendre part à toutes les guerres que la République française pourrait avoir, lorsque la réquisition lui en aura été faite par le Directoire exécutif de la République française ; elle sera tenue, aussitôt que cette réquisition lui aura été adressée, de mettre toutes ses forces sur pied et tous ses moyens en activité.

Elle sera, par la notification de cette même réquisition, constituée, de plein droit, en état de guerre avec les puissances contre lesquelles elle aura été requise, et tant que cette notification ne lui aura pas été faite, elle conservera son état de neutralité.

La République française sera tenue de comprendre la République cisalpine dans les traités de paix qui suivront les guerres dans lesquelles elle aura engagé celle-ci en vertu du présent article.

IV. La République cisalpine ayant demandé à la République française un corps d'armée suffisant pour maintenir sa liberté, son indépendance et sa tranquillité intérieure, ainsi que pour la préserver de toute agression de la part de ses voisins, les deux Républiques sont convenues à ce sujet des articles suivans.

V. Jusqu'à ce qu'il en soit autrement convenu, il y aura dans la République cisalpine un corps de troupes françaises montant à vingt-cinq mille hommes, y compris l'état-major et les administrations : ce corps sera composé de vingt-deux mille hommes d'infanterie, de deux mille cinq cents hommes de cavalerie, et de cinq cents hommes d'artillerie, soit à cheval, soit de ligne.

VI. La République cisalpine fournira annuellement à la République française, pour la solde et l'entretien de ces troupes, une somme de 18 millions qui sera versée en douze paiemens égaux, de mois en mois, dans la caisse l'armée ; et en cas de guerre, le supplément de dépenses nécessaire.

Elle fournira les bâtimens nécessaires au casernement et logement desdites troupes, tant en santé qu'en maladie ; au moyen de quoi le Gouvernement français sera chargé de la solde, de l'équipement, de l'habillement et de l'entretien desdites troupes, tant en santé qu'en maladie.

VII. Le Gouvernement français pourra retirer et remplacer ces troupes à volonté.

VIII. Ces troupes, ainsi que celles de la République cisalpine, seront toujours sous le commandement des généraux français.

IX. Les garnisons de Mantoue et de Peschiera et de Ferrare, seront toujours composées, au moins chacune pour moitié, de troupes françaises.

X. La République cisalpine tiendra toujours l'artillerie de ces trois places dans le meilleur état, et les approvisionnemens constamment pour une année.

XI. Lorsque les troupes françaises et les troupes cisalpines se trouveront dans la même place, station ou cantonnement, elles seront commandées, à grade égal, par un officier français ; et, en cas de grades inégaux, par l'officier du grade supérieur, soit français, soit cisalpin.

XII. La République française abandonnera à la République cisalpine, aux termes convenus entre le citoyen *Buonaparte* et le Directoire exécutif de la République cisalpine, toute la partie de l'artillerie prise sur l'ennemi, dont la République cisalpine pourrait avoir besoin.

XIII. La place qui a été projettée à la Roc-d'Amfo, par les officiers du génie français et sous les ordres du citoyen *Buonaparte*, pour fermer la vallée de Sabia, sera construite sans délai. Il sera aussi travaillé, sans délai, au perfectionnement de la place de Peschiera et de celle de Mantoue, ainsi qu'à la fortification des hauteurs de Valeggio et de la petite place de Goeto, d'après les plans qui ont été approuvés par le citoyen *Buonaparte* ; le tout aux frais de la République cisalpine.

XIV. La République cisalpine organisera une forte armée composée d'Italiens et d'auxiliaires, dont le nombre, dans chaque arme, sera réglé par une convention particulière : elle aura un équipage de cent vingt pièces de campagne, un équipage de pont de soixante pontons, et une flotille sur le lac de Garda.

XV. La République cisalpine ne souffrira sur son territoire aucun émigré français. Tout émigré français qui sera trouvé sur le territoire de la République cisalpine, sera arrêté pour être déporté dans le lieu que le Directoire exécutif de la République française indiquera.

Réciproquement, la République française ne souffrira sur son territoire aucun émigré cisalpin. Tout émigré cisalpin qui serait trouvé sur le territoire de la République française, y sera arrêté pour être mis à la disposition du Gouvernement cisalpin.

Fait à Paris, le 3 Ventose an VI de la République française, une et indivisible.

Signé CH. MAU· TALLEYRAND, J. H. SERBELLONI, VISCONTI, RANGONE.

Le Directoire exécutif arrête et signe le présent traité d'alliance avec la République cisalpine, négocié, au nom de la République française, par le citoyen *Talleyrand*, ministre des relations extérieures, nommé par arrêté du Directoire exécutif, du premier pluviose dernier, et chargé de ses instructions à cet effet.

Fait au palais national du Directoire exécutif, le 3 Ventose an VI de la République française, une et indivisible.

Pour expédition conforme, *signé* BARRAS, *président ;*
par le Directoire exécutif, *le secrétaire général,* LAGARDE.

EST RATIFIÉ.

La présente résolution sera imprimée.

Signé HARDY, *président ;*
ENGERRAND, ESCHASSÉRIAUX jeune, QUIROT, *secrétaires.*

Après une seconde lecture, le Conseil des Anciens APPROUVE la résolution ci-dessus. Le 27 Ventose an VI de la République française.

Signé BORDAS, *président ;*
BAZOCHE, GUCHAN, HÉRARD, GAUTHIER (de l'Ain), *secrétaires.*

Le Directoire exécutif ordonne que la loi ci-dessus sera publiée, exécutée, et qu'elle sera munie du sceau de la République. Fait au Palais national du tous leurs exécutif, le 28 Ventose, an VI de la République française, une et indiv... les

Pour expédition conforme, *signé* MERLIN , *président*;
par le Directoire exécutif, *le secrétaire général* LAGARDE;
et scellé du sceau de la République.

2.º LOI contenant ratification d'un traité de commerce entre la République Française et la République Cisalpine.

Du 27 Ventose an VI.

LE CONSEIL DES ANCIENS , adoptant les motifs de la déclaration d'urgence qui précède la résolution ci-après, approuve l'acte d'urgence.

Suit la teneur de la déclaration d'urgence et de la résolution du 11 Ventose :

Le Conseil des Cinq-cents considérant qu'il importe aux intérêts respectifs de la République française et de la République cisalpine, aux progrès de leur industrie d'étendre et faciliter leurs relations commerciales,

Déclare qu'il y a urgence ,

Le Conseil, après avoir déclaré l'urgence, prend la résolution suivante :

Le traité de commerce arrêté et conclu par le Directoire exécutif, le 3 du présent mois de ventose , avec la République cisalpine, dont la teneur suit :

TRAITÉ de commerce entre la République Française et la République Cisalpine.

ARTICLE PREMIER.

Aucune des deux puissances française et cisalpine ne pourra jamais prohiber l'entrée ni la consommation d'aucune marchandise du cru ou de la fabrique de l'autre République son alliée.

II. Jamais aucune des deux Républiques ne prohibera la sortie d'aucune production de son territoire ou marchandise de ses manufactures à la destination de la République son alliée, si ce n'est passagèrement celle des grains.

liens et a'

..u des farines; mais seulement en cas de disette, et lorsque la même prohibition aura lieu par une mesure générale envers toutes les nations.

III. Dans le cas où l'une des deux Républiques jugerait convenable de mettre des droits d'entrée sur quelque production ou marchandise du cru ou des fabriques de son alliée, ces droits ne pourront excéder six pour cent de la valeur.

IV. Jusqu'à la paix générale, tous les droits seront modérés de moitié, lorsque les productions ou marchandises du cru ou des fabriques des deux Républiques arriveront sur voitures ou vaisseaux de l'une ou de l'autre, conduites, si ce sont des voitures, par des citoyens de l'une ou de l'autre, ou, si ce sont des vaisseaux, à la charge que les trois quarts au moins de l'équipage seront pareillement composés de citoyens de l'une ou de l'autre République,

V. A la paix générale, la prime stipulée par l'article précédent cessera pour les productions ou marchandises qui arriveront sur vaisseaux; mais à cette époque, les productions et marchandises du cru ou de fabrique de France ne pourront être importées dans les ports de la République cisalpine que sur vaisseaux français ou cisalpins.

Et réciproquement, les productions et marchandises du cru ou de fabrique cisalpine, ne pourront être importées dans les ports de France que sur vaisseaux cisalpins ou français;

Le tout à l'exclusion des vaisseaux de toute nation, et sous peine de confiscation des bâtimens et cargaisons, et de trois mille livres d'amende solidairement et par corps contre les propriétaires, consignataires et agens des bâtimens et cargaisons, capitaines et lieutenans.

VI. Les valeurs qui serviront de base à la perception des droits d'entrée, seront constatées par les factures ou déclarations écrites qui accompagneront les expéditions; et dans le cas où les préposés aux douanes jugeraient ces factures ou déclarations frauduleuses, il leur sera loisible de garder la marchandise, en la payant sur le pied de la facture ou de la déclaration, avec vingt-cinq pour cent en sus.

VII. Chaque bâtiment ou voiture se munira d'une déclaration faite par-devant le consul, ou, à défaut de consul, par-devant l'officier municipal du lieu où se sera fait le chargement; laquelle déclaration mentionnera les pays où ladite marchandise aura été produite ou manufacturée.

VIII. Les deux Républiques emploieront, de part et d'autre, tous leurs bons offices et leur influence, afin d'obtenir des puissances intermédiaires les facilités desirables pour le *transit* de leur commerce réciproque, soit par l'exemption de droits de passage, soit par la restitution, à la sortie, de ceux qui auraient été perçus à l'entrée.

IX. Il sera établi des relais de poste aux chevaux et des bureaux de poste aux lettres sur la route de Milan à Paris; laquelle route sera dirigée par le Valais, le pays de Vaud, et passera par Lausane et par le chemin usité avant la paix de 1748.

Les Républiques française et cisalpine feront les frais de ces établissemens sur leur territoire respectif. Elles se réuniront pour demander à la République helvétique la formation de semblables établissemens sur son territoire.

X. Le Directoire exécutif de la République française emploiera ses bons offices auprès des puissances barbaresques pour que le pavillon cisalpin soit traité avec les mêmes égards, par leurs corsaires, que le pavillon français.

Fait à Paris, le 3 Ventôse, an VI de la République française, une et indivisible.

Signé CH. MAU. TALLEYRAND, J. H. SERBELLONI, VISCONTI, RANGONE.

Le Directoire exécutif arrête et signe le présent traité de commerce avec la République cisalpine, négocié, au nom de la République française, par le citoyen *Talleyrand*, ministre des relations extérieures, nommé par arrêté du Directoire exécutif, du premier pluviose dernier, et chargé de ses instructions à cet effet.

Fait au palais national du Directoire exécutif, le 3 Ventose an VI de la République française, une et indivisible.

Pour expédition conforme, *signé* P. BARRAS, *président;*
par le Directoire exécutif, *le secrétaire général,* LAGARDE.

EST RATIFIÉ.

La présente résolution sera imprimée.

Signé HARDY, *président;*
ENGERRAND, ESCHASSERIAUX jeune, QUIROT, *secrétaires.*

8

Après une seconde lecture, le Conseil des Anciens APPROUVE la résolution ci-dessus. Le 27 Ventose an VI de la République française.

Signé BORDAS, *président ;*
BAZOCHE, GUCHAN, HÉRARD, GAUTHIER, *secrétaires.*

Le Directoire exécutif ordonne que la loi ci-dessus sera publiée, exécutée, et qu'elle sera munie du sceau de la République.

Fait au Palais national du Directoire exécutif, le 28 Ventose an VI de la République française, une et indivisible.

Pour expédition conforme, *signé* MERLIN, *président ;*
par le Directoire exécutif, *le secrétaire général* LAGARDE.
Et scellé du sceau de la république.

Au nom de la République française.

L O I

Qui approuve le traité de réunion de la République de Genève à la République française.

Du 28 Floréal an VI de la République française, une et indivisible.

LE CONSEIL DES ANCIENS, adoptant les motifs de la déclaration d'urgence qui précède la résolution ci-après, approuve l'acte d'urgence.

Suit la teneur de la Déclaration d'urgence et de la Résolution du 25 Floréal :

Le Conseil des Cinq-cents, considérant qu'il est d'un intérêt commun pour les nations française et genevoise de confondre leurs moyens, leurs relations et leurs droits pour ne former qu'un seul et même peuple ;

Que le vœu de la République de Genève pour cette réunion a été solennellement émis et ses conditions convenues, ainsi qu'il résulte, 1.° de l'acte des pleins-pouvoirs donnés par la commission extraordinaire de Genève le 7 floréal présent mois, correspondant au 26 avril 1798, ladite commission créée par la loi du 19 mars même année ; 2.° du traité de réunion fait double à Genève ledit jour 7 floréal, traité conclu entre les commissaires genevois et le commissaire du Gouvernement français, arrêté et signé le 9 du même mois au palais national du Directoire exécutif de France,

Déclare qu'il y a urgence.

Le Conseil des Cinq-cents, après avoir déclaré l'urgence, prend la résolution suivante :

N°. 1, 15.

ARTICLE PREMIER.

Le traité de réunion de la République de Genève à la République française, passé à Genève le 7 floréal présent mois, arrêté et signé par le Directoire exécutif le 9 du même mois, et dont la teneur suit :

Traité de réunion de la République de Genève à la République française.

Le Directoire exécutif de la République française, instruit que les vœux des magistrats, conseils et citoyens de la République de Genève se déclaraient pour la réunion à la République française et l'incorporation à la grande nation, et voulant donner une preuve éclatante de son amitié généreuse aux premiers alliés de la République française, a nommé le citoyen *Félix Desportes*, résident de la République française près celle de Genève, commissaire du Gouvernement, pour recevoir et constater les vœux émis pour la réunion, et en stipuler le mode et les conditions.

D'autre part, la commission extraordinaire, revêtue de tous les pouvoirs du peuple souverain de Genève, par la loi du 19 mars 1798 (29 ventose an VI), ayant voté la réunion de Genève à la République française, par son arrêté du 26 germinal (15 avril 1798, *vieux style*), a nommé pour traiter et stipuler en son nom, les citoyens

Moïse Moricaud, syndic ;
Samuel Mussard, syndic ;
Louis Guerin, syndic ;
Paul-Louis Rival, syndic ;
Esaïe Gasc, secrétaire d'État et de la commission extraordinaire ; et *François Romilly*, secrétaire de la commission extraordinaire ; tous citoyens de Genève.

Les commissaires et députés, après avoir produit et échangé leurs pleins-pouvoirs, sont convenus des articles ci-après.

ARTICLE PREMIER.

La République française accepte le vœu des citoyens de la République de Genève pour leur réunion au peuple français : en conséquence, les Genevois, tant ceux qui habitent la ville et le territoire de Genève que ceux qui sont en France ou ailleurs, sont déclarés *Français nés*.

Les Genevois absens ne seront point considérés comme émigrés; ils pourront en tout temps revenir en France et s'y établir; ils jouiront de tous les droits attachés à la qualité de citoyens français, conformément à la Constitution.

Le Gouvernement français, considérant que les nommés *Jacques Mallet-Dupan* l'aîné, *François d'Yvernois*, et *Jacques Antoine Duroveray*, ont écrit et manœuvré ouvertement contre la République française, déclare qu'ils ne pourront, en aucun temps, être admis à l'honneur de devenir citoyens français.

II. Les Genevois qui voudront transporter leur domicile en Suisse ou ailleurs, auront, pendant un an, à dater de la ratification des présentes, la faculté de sortir avec leurs effets mobiliers dûment constatés : ils auront trois ans pour opérer la vente et la liquidation de leurs biens et créances, et pour en exporter le prix.

III. Les habitans de la ville et du territoire genevois seront exempts de toutes réquisitions réelles et personnelles pendant la guerre actuelle, jusqu'à la paix générale.

Dans tous les cas de passage de troupes ou de cantonnemens, ils seront dispensés du logement des gens de guerre, à la charge par eux de fournir des bâtimens à cet usage, et les objets de nécessité : ces bâtimens seront toujours préparés pour recevoir trois mille hommes.

IV. Les Genevois ne pourront être, en aucun temps et sous aucun prétexte, accusés ni recherchés pour propos, écrits et faits relatifs à la politique, qui auraient eu lieu à Genève antérieurement à la réunion; sauf l'exception stipulée par le Gouvernement français dans l'article I.er

V. Les biens déclarés communaux par l'arrêté de la commission extraordinaire, en date du 27 germinal an VI (16 avril 1798, *vieux style*), appartiendront en toute propriété aux Genevois, qui en disposeront comme ils le jugeront à propos : au moyen de cette faculté, ils seront chargés de l'acquittement des dettes contractées par la République de Genève; et tous les arrangemens qu'ils ont pris ou prendront à cet effet, seront exécutés selon leur forme et teneur.

Néanmoins sont déclarés inaliénables, l'hôtel-de-ville, les archives, la bibliothèque, les deux bâtimens de Chante-Poulet, et ceux du bastion d'Hollande; lesquels bâtimens seront spécialement destinés au logement des troupes, conformément à l'article III.

La République de Genève fait hommage à la République française de ses arsenaux, de son artillerie, et de ses munitions de guerre, autres que la poudre.

Les fortifications de Genève deviennent propriété nationale, et seront mises sur-le-champ à la disposition du Gouvernement français.

VI. Les biens appartenant aux corporations et sociétés d'arts et métiers, ou autres quelconques actuellement existantes, sont reconnus propres aux citoyens composant ces corporations et sociétés, et ils pourront en disposer selon leur volonté.

VII. Tous les actes publics, soit judiciaires, soit notariés, tous les écrits privés et les livres des négocians, ayant date certaine antérieurement à la ratification des présentes, auront leur force et sortiront tout leur effet suivant les lois de Genève. Les ventes judiciaires connues sous le nom de subhastations, qui auront été commencées avant ladite ratification, seront terminées suivant les mêmes lois. Tous ces actes et écrits ne seront soumis à aucun droit résultant des lois françaises.

Les lois civiles de Genève resteront en vigueur jusqu'à la promulgation des lois de la République française.

VIII. Le titre de l'or sera provisoirement maintenu à Genève sur le pied de sept cent cinquante millièmes (dix-huit karats), et celui de l'argent sur le pied de huit cent trente-trois millièmes (dix deniers).

Le mode de surveillance établi à ce sujet sur les ateliers ou fabriques, ainsi que leurs coutumes, seront aussi provisoirement conservés, jusqu'à ce que le Corps législatif ait adopté dans sa sagesse, les moyens les plus propres à assurer l'existence et la prospérité de ces ateliers et fabriques.

IX. Le droit perçu sur les toiles de coton blanches qui entreront à Genève pour être imprimées dans cette ville ou sur son territoire, sera remboursé lors de leur exportation; à la charge, par les exportans, de remplir les formalités prescrites en pareil cas.

X. Les marchandises qui sont actuellement dans Genève, pourront circuler librement en France, sans être sujètes à un nouveau droit. Celles que l'arrêté du Directoire exécutif, en date du 20 brumaire an V, soumet à des certificats de municipalité ou à des marques de fabrique qui n'étaient point exigés à Genève, devront être, immédiatement après la ratification des présentes, revêtues d'une marque qui y sera apposée par les préposés aux douanes françaises, pour tenir lieu des formalités prescrites par cet arrêté.

Quant aux marchandises anglaises, elles ne pourront être introduites en France : il en sera fait déclaration : et après vérification par les préposés aux douanes françaises, elles seront exportées à l'étranger dans le délai de six mois, moyennant des acquits-à-caution.

XI. Le nombre des notaires sera, pour l'avenir, fixé à huit. Ceux qui sont actuellement en exercice seront conservés; et il n'en sera créé aucun, jusqu'à ce que, par décès ou démission, les titulaires actuels soient définitivement réduits au nombre de sept.

XII. Le Directoire exécutif emploiera ses bons offices auprès du Corps législatif, pour faire placer dans la commune de Genève, 1.º un hôtel des monnaies, 2.º un bureau du timbre et d'enregistrement, 3.º les tribunaux civil et criminel du département auquel le territoire genevois sera incorporé, 4.º le tribunal correctionnel de l'arrondissement duquel ce territoire fera partie, 5.º et un tribunal de commerce.

XIII. La République de Genève renonce aux alliances qui l'unissaient à des États étrangers, elle dépose et verse dans le sein de la grande nation, tous ses droits à une souveraineté particulière.

XIV. La ratification du présent traité sera échangée dans le mois, à compter du jour de la signature.

Fait double à Genève, le 7 Floréal, an VI de la République française, une et indivisible.

Signé Moïse Moricaud, *syndic;* Samuel Mussard, *syndic;* L. Guerin, *syndic de la garde;* Paul-Louis Rival, *syndic;* Esaïe Gasc, *secrétaire;* François Romilly, *secrétaire.*

Le commissaire du Gouvernement français, signé Félix Desportes.

Le Directoire exécutif arrête et signe le présent traité de réunion de la République de Genève à la République Française, négocié au nom de la République française par le citoyen *Félix Desportes*, résident de ladite République près celle de Genève, nommé par le Directoire exécutif, suivant son arrêté du 5 germinal an VI, commissaire du Gouvernement, et chargé de ses instructions à cet effet.

Fait au palais national du Directoire exécutif, le 9 Floréal de l'an VI de la République française, une et indivisible.

Pour expédition conforme, *signé* Merlin, *président;* par le Directoire exécutif, *le secrétaire général*, Lagarde.

Est approuvé.

En conséquence, les habitans de la République de Genève, sauf l'exception portée en l'article I.er, sont déclarés par le Corps législatif citoyens français nés, et leur territoire est uni à celui de la République française.

6

II. La présente résolution sera imprimée.

Signé POULLAIN-GRANDPREY, *président;*
GAURAN, BARDOU-BOISQUETIN, *secrétaires.*

Après une seconde lecture, le Conseil des Anciens APPROUVE la résolution ci-dessus. Le 28 Floréal an VI de la République française.

Signé J. POISSON, *président;*
DAUTRICHE, AUGUIS, CLAVERYE, *secrétaires.*

Le Directoire exécutif ordonne que la loi ci-dessus sera publiée, exécutée, et qu'elle sera munie du sceau de la République. Fait au Palais national du Directoire exécutif, le 29 Floréal an VI de la République française.

Pour expédition conforme, *signé* MERLIN, *pour le président;*
par le Directoire exécutif, *pour le secrétaire-général,* L. M. RÉVEILLÈRE-LÉPEAUX; *Et scellé du sceau de la République.*

A PARIS,

DE L'IMPRIMERIE DU DEPOT DES LOIS,
Place du Carrousel.

Et se trouve dans les villes chef-lieux de Département, au bureau de correspondance du Dépôt des Lois.

Au nom de la République française.

L O I

Concernant ratification du traité de paix et d'alliance offensive et défensive entre la République française et la République helvétique.

Du 23 Fructidor , an VI de la République française une et indivisible.

LE CONSEIL DES ANCIENS, adoptant les motifs de la déclaration d'urgence qui précède la résolution ci-après, approuve l'acte d'urgence.

Suit la teneur de la déclaration d'urgence et de la résolution du 13 Fructidor :

LE Conseil des Cinq-cents, après avoir entendu en comité général, conformément à l'article 334 de la constitution, le rapport d'une commission spéciale sur le traité d'alliance offensive et défensive , entre la République française et la République helvétique ;

Considérant qu'il est instant de prendre une détermination sur ce traité,

Déclare qu'il y a urgence.

Le Conseil, après avoir déclaré l'urgence , prend le résolution suivante :

ARTICLE PREMIER.

Le traité d'alliance offensive et défensive entre la République française et la République helvétique, arrêté et signé à Paris par le Directoire exécutif, le 4 de ce mois, et dont la teneur suit :

N.° 15.   A

TRAITÉ de paix et d'alliance offensive et défensive entre la République française et la République helvétique.

LA République française et la République helvétique, également animées du désir de faire succéder la paix la plus complète et l'amitié la plus étroite à la guerre que l'oligarchie avait provoquée, et qui a momentanement divisé les deux nations, ont résolu de s'unir par une alliance fondée sur les vrais intérêts des deux peuples.

En conséquence, les gouvernemens respectifs ont nommé, savoir, le Directoire exécutif de la République française, le C. *Charles-Maurice Talleyrand*, ministre des relations extérieures, et le Directoire de la République helvétique les C.ens *Pierre-Joseph Zeltner* et *Amédée Jenner ;*

Lesquels, après l'échange de leurs pleins-pouvoirs, sont convenus des articles suivans :

ARTICLE PREMIER.

Il y aura, à perpétuité, entre la République française et la République helvétique, paix, amitié et bonne intelligence.

II. Il y a, dès ce moment, entre les deux Républiques, alliance offensive et défensive.

L'effet général de cette alliance est que chacune des deux Républiques peut, en cas de guerre, requérir la coopération de son alliée.

La puissance requérante spécifie alors contre qui la coopération est réclamée ; et par l'effet de cette réquisition spéciale, la puissance requise entre en guerre contre la puissance ou les puissances désignées : mais elle reste en état de neutralité vis-à-vis de celles qui seraient en guerre avec la puissance requérante, et qui n'auraient point été particulièrement désignées par elle.

Il est reconnu que l'effet de la réquisition de la République française ne pourra jamais être d'envoyer des troupes suisses outre mer.

Les troupes requises seront payés et entretenues par la puisssance requérante ; et, en cas de réquisition, aucune des deux Républiques ne pourra conclure séparément aucun traité d'armistice ou de paix.

Les effets particuliers de l'alliance, lorsque de part ou d'autre la réquisition aura lieu, la nature et la quotité des secours mutuellement accordés, seront déterminés de gré à gré par des conventions spéciales basées sur les principes qui sont renfermés dans cet article.

III. en conséquence , la République française garantit à la République
helvétique son indépendance et l'unité de son gouvernement ; et dans le cas
où l'oligarchie tenterait de renverser la constitution actuelle de l'Helvétie, la
République française s'engage à donner à la République helvétique, sur sa
réquisition , les secours dont elle aurait besoin pour triompher des attaques
intérieures ou extérieures qui seraient dirigées contre elle.

Elle promet, en outre, ses bons offices à la République helvétique , pour la
faire jouir de tous ses droits par rapport aux autres puissances.

Et afin de lui procurer les moyens de rétablir promptement son état militaire
sur le pied le plus imposant, la République française consent à la remettre en
possession des canons , mortiers et pièces d'artillerie qui lui ont été enlevés
pendant la présente guerre, et qui seraient encore à la disposition du gouvernement français au moment de la signature du présent traité ; moyennant que
la République helvétique se chargera de les faire rechercher et conduire sur
son territoire.

IV. Les frontières entre la France et l'Helvétie seront déterminées par une
convention particulière, qui aura pour base que tout ce qui faisait partie du
ci-devant évêché de Bâle et de la principauté de Porentrui , restera définitivement
réuni au territoire français , ainsi que les esclaves suisses qui se trouvent compris
dans les départemens du Haut-Rhin et du Mont-Terrible ; sauf les rétrocessions
ou échanges qui seront jugés indipensables pour la plus parfaite rectification
desdites frontières depuis Bâle jusqu'à Genève , et qui ne contrarieraient point
les réunions déjà définitivement opérées au territoire français

V. Afin d'assurer les communications de la République française avec l'Allemagne méridionale et l'Italie , il lui sera accordé le libre et perpétuel usage
de deux routes commerciales et militaires , dont la première passera par le nord
de l'Helvétie , en remontant le Rhin et suivant les rives occidentale et méridionale
du lac de Constance, dont la seconde , partant de Genève et traversant le département du Mont-Blanc , traversera également le Valais pour aboutir sur le
territoire de la République cisalpine , suivant une direction qui sera déterminée ;
et il est convenu que chaque état féra sur son territoire les travaux nécessaires
pour l'achevement de ces deux routes.

VI. De même il est convenu que , pour donner à la navigation intérieure des
deux Républiques les développemens avantageux dont elle susceptible , chacune
d'elles fera respectivement sur son territoire les ouvrages d'art qui seront nécessaires
pour l'établissement d'une commnication par eau depuis le lac de Genève
jusqu'à la partie du Rhône qui est navigab... A 2

VII. La République française s'engage à fournir à la République helvétique tous les sels dont elle aura besoin, de ses salines de la Meurthe, du Jura et du Mont-Blanc.

Le prix desdits sels, celui de leur transport, les lieux et les époques des livraisons, seront réglés au moins tous les dix ans, entre les citoyens chargés par le gouvernement français de l'exploitation des ces salines, et les préposés du gouvernement helvétique; sans que jamais le prix des sels aux salines puisse excéder celui que paieront les citoyens francais, et sans que les sels vendus aux Helvétiens puisse jamais être assujetis à aucun des impôts qui seraient mis en France sur cette denrée.

VIII. En conséquence de l'article précédent, la République helvétique renonce expressément à tous les arrérages de sels qu'elle pourrait avoir à réclamer par suite des anciens traités qui existaient entre la France et les Cantons; et elle s'engage à prendre annuellement aux salines au moins deux cent-cinquante mille quintaux de sel.

IX. Les citoyens de la République française pourront aller et venir en Helvétie, munis de passe-ports en règle : il leur sera libre d'y former tous et tels établissemens, d'y exercer tels genres d'industrie que la loi permet et protège; leurs personnes et leurs propriétés seront soumises aux lois et usages du pays.

Les citoyens de la République helvétique jouiront en France, et dans toutes les possessions de la République française, des mêmes droits et aux mêmes conditions.

X. Dans les affaires litigieuses personnelles qui ne pourront se terminer à l'amiable et sans la voie des tribunaux, le demandeur sera obligé de poursuivre son action devant les juges naturels du défendeur, à moins que les parties ne soient présentes dans le lieu même où le contrat a été stipulé, ou ne fussent convenues des juges par-devant lesquels elles se seraient engagées de discuter leurs difficultés.

Dans les affaires litigieuses ayant pour objet des propriétés foncières, l'action sera suivie par-devant le tribunal ou le magistrat du lieu où ladite propriété est située.

Les contestations qui pourraient s'élever entre les héritiers d'un Français mort en Suisse, à raison de sa succession, seront portées devant le juge du domicile que le Français avait en France; et il en sera usé de même à l'égard des contestations qui pourraient s'élever entre les héritiers d'un Suisse mort en France.

XI. Les jugemens définitifs en matière civile ayant force de chose jugée, rendus par les tribunaux français, seront exécutoires en Suisse, et réciproquement, après qu'ils auront été légalisés par les envoyés respectifs.

XII. En cas de faillite ou de banqueroute de la part des Français possédant des biens en France, s'il y a des créanciers suisses et des créanciers français, les créanciers suisses qui se seraient conformés aux lois françaises pour la sûreté de leur hypothèque, seront payés sur lesdits biens comme les créanciers hypothécaires français, suivant l'ordre de leur hypothèque; et réciproquement, si des Suisses possédant des biens dans la République helvétique, se trouvent avoir des créanciers français et des créanciers suisses, les créanciers français qui auront rempli les formalités propres à leur assurer une hypothèque en Suisse, seront colloqués sans distinction avec les créanciers suisses, suivant l'ordre de leur hypothèque. Quant aux simples créanciers, ils seront aussi traités également, sans considérer à laquelle des deux Républiques ils appartiennent.

XIII. Dans toutes les procédures criminelles pour délits graves, dont l'instruction se fera soit devant les tribunaux français, soit devant ceux de Suisse, les témoins suisses qui seront cités à comparaître en personne en France, et les témoins français qui seront cités à comparaître en personne en Suisse, seront tenus de se transporter près du tribunal qui les aura appelés, sous les peines déterminées par les lois respectives des deux nations.

Les deux Gouvernemens accorderont dans ce cas aux témoins les passe-ports nécessaires, et ils se concerteront pour fixer l'indemnité qui sera due en raison de la distance et du séjour.

XIV. Les deux Républiques s'engagent réciproquement à ne donner aucun asyle aux émigrés ou déportés de chaque nation.

Elles s'engagent pareillement à extrader réciproquement, à la première réquisition, les individus de chaque nation qui auraient été déclarés, juridiquement, coupables de conspiration contre la sûreté intérieure et extérieure de l'Etat, assassinat, empoissement, incendie, faux sur les actes publics, et vol avec violence ou effraction, ou qui seraient poursuivis comme tels en vertu de mandats décernés par l'autorité légale.

Il est convenu que les choses volées dans l'un des deux pays et déposées dans l'autre, seront fidélement restituées.

XV. Il sera incessamment conclu entre les deux Républiques, un traité de commerce basé sur la plus complète réciprocité d'avantages. En attendant, les citoyens des deux Républiques seront respectivement traités comme ceux des nations les plus favorisées.

Conclu et signé à Paris, le 2 Fructidor an VI de la République française, une et indivisible (19 août 1798).

Signé CH. MAU. TALLEYRAND; P. J. ZELTNER, A. A. JENNER.

LE DIRECTOIRE EXÈCUTIF arrête et signe le présent traité de paix et d'alliance offensive et défensive avec la République helvétique, négocié au nom de la République française par le C.en *Talleyrand*, ministre des relations extérieures, fondé de pouvoirs à cet effet par arrêté du Directoire du 26 prairial dernier, et chargé de ses instructions.

Fait au palais national du Directoire exécutif, le 4 Fructidor an VI de la République française, une et indivisible.

Pour expédition conforme, *signé* MERLIN, *président;*
par le Directoire exécutif, *le secrétaire-général* par interim, AUBUSSON.

EST RATIFIÉ.

II. La présente résolution sera imprimée.

Signé DAUNOU, *président;*
GIROT, THIESSÉ, *secrétaires.*

Après une seconde lecture, le Conseil des Anciens APPROUVE la résolution ci-dessus. Le 23 Fructidor an VI de la République française.

Signé P. A. LALOY, *président;*
GARAT, DUFFAU, LASSÉE, BEERENBROEK, *secrétaires.*

Le Directoire exécutif ordonne que la loi ci-dessus sera publiée, exécutée, et qu'elle sera munie du sceau de la République.

Fait au palais national du Directoire exécutif, le 24 Fructidor an VI de la République française, une et indivisible.

Pour expédition conforme, *signé* TREILHARD, *président;*
par le Directoire exécutif, *le secrétaire général* par interim, AUBUSSON.

Suit la teneur de la ratification du Corps législatif de la République helvétique :

Le grand Conseil, en Comité secret, au Sénat.

LE grand Conseil, après avoir entendu la lecture du traité d'alliance conclu entre le Directoire exécutif de la République française une et indivisible, et le Directoire exécutif de la République helvétique une et indivisible, signé à Paris le 19 août 1798,

A résolu : Le traité d'alliance offensive et défensive, conclu entre le Directoire exécutif de la République française une et indivisible, et le Directoire exécutif de la République helvétique une et indivisible, signé à Paris le 19 août 1798, est ratifié en entier.

Arau, le 24 août 1798. *Signé* GRAFFEURIED, *président ;* BOURGEOIS et WERNHARD-HUBER, *secrétaires.*

En Comité général, au Directoire exécutif.

LE Sénat a accepté la résolution ci-jointe du grand Conseil, en date du 24 août, qui ratifie en entier le traité d'alliance offensive et défensive ci-joint, conclu entre le Directoire exécutif de la République française une et indivisible, et le Directoire exécutif de la République helvétique, une et indivisible, signé à Paris le 19 août 1798.

Arau, le 24 août 1798. *Signé* DOLLER, *président ;* DEVEVEY et KRAUER, *secrétaires.*

Du 12 Vendémiaire an VII de la République française, une et indivisible.

LA loi du 23 fructidor dernier, portant ratification du traité d'alliance offensive et défensive conclu entre la République française et la République helvétique, ayant été munie du sceau de la République, et l'échange des ratifications respectives dudit traité ayant été fait le 3.e jour complémentaire suivant, le Directoire exécutif ordonne au ministre de la justice de la faire imprimer, et solennellement publier dans toute l'étendue de la République.

Pour expédition conforme, *Signé* TREILHARD, *président ;* par le Directoire exécutif, *le secrétaire général* LAGARDE.

A PARIS, de l'Imprimerie du Dépôt des Lois, place du Carrousel.

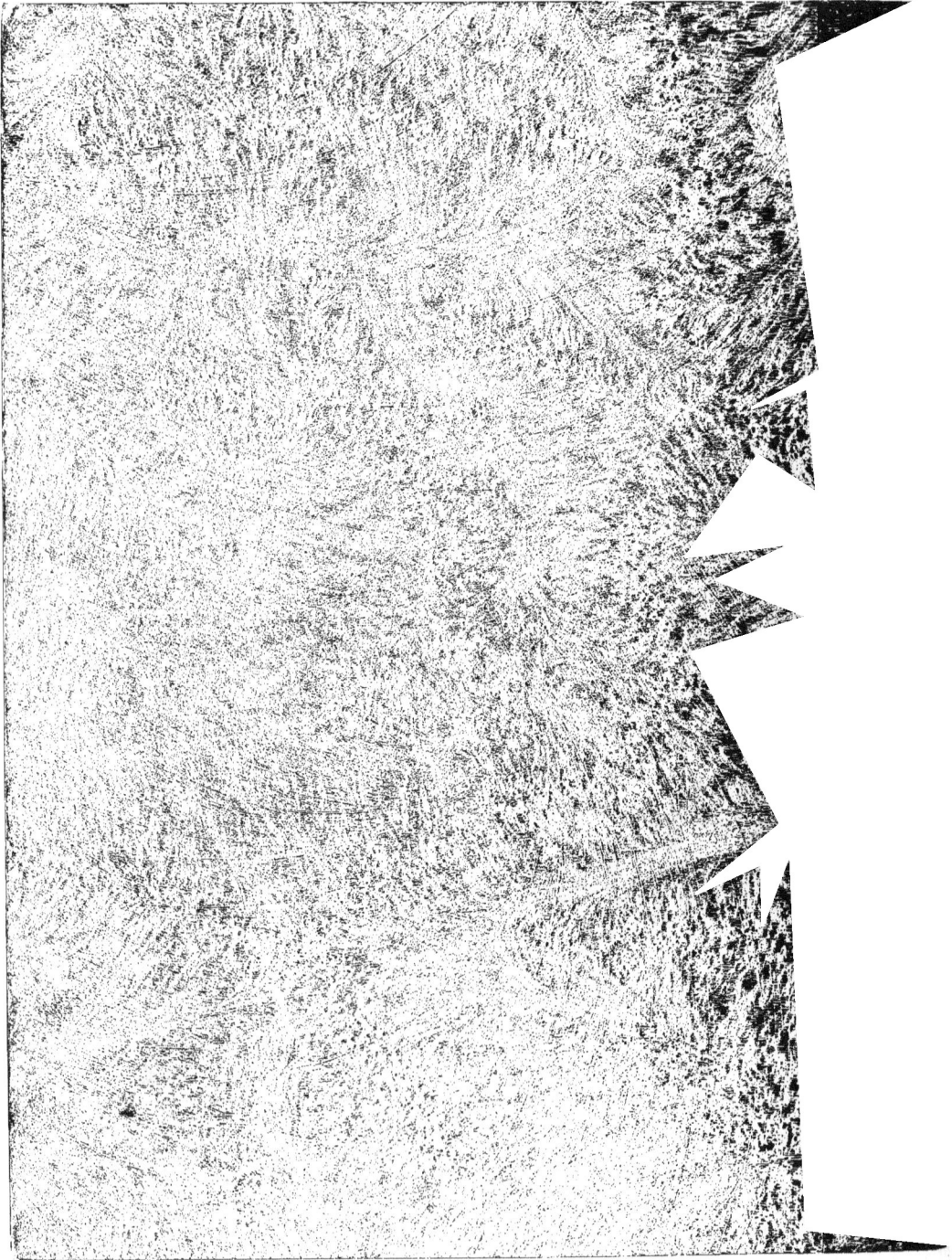